保育者のための

子育て支援

ガイドブック *Guidebook*

専門性を
活かした
保護者への
サポート

武田信子 著

中央法規

はじめに

この本で学ぶこと

　核家族化、少子化の中で、出産前に赤ちゃんの世話をする機会が少ない時代になりました。初めての赤ちゃんを前に、保護者は一所懸命子育てに取り組みますが、経験から来る「勘」のない子育ては、どれだけ知識があってもなかなかうまくいきません。勉強を重ねて資格を取った保育者でも、実習程度しかお世話をしたことがなければ、現場では何が赤ちゃんにとって快であるかさえ、見極めるのが難しいのです。

　そんな時代に、子育てに慣れない、あるいは、子育てのしかたを勘違いしがちな保護者と、保育者はどうつき合っていけばいいのでしょうか。子育てする者のモデルとして、どうふるまえばいいのでしょうか。保護者支援や子育て支援、地域との連携など、保育者に必要な知識や技術を、現役保育者の意見をうかがいながらまとめたのがこの本です。

繰り返し読む参考書

　この本は、日々の保育をよりよくしていくための参考書です。必要なことを実践と照らし合わせながらやってみていただくように、いろいろな提案をしています。

　また、考え方を伝えたいと思っていますので、繰り返し読んで、自分で以前から考えていたと思えるくらいまで理解しましょう。そのために、実際のワークをやってみたり、新しい取り組みをしてみたりしてください。一人で取り組もうと思っても、保育所に仲間がいないと難しいこともありますね。みんなでこうしてみようという気持ちになれるように、一緒に読書会をするとよいでしょう。この本の第5章には、そんな方法も具体的に書いてあります。

執筆の背景

　私は、精神分析や来談者中心療法を学んできた心理臨床家で、その後、カナダでソーシャルワーカーの養成を学び、子育て支援を調査し、帰国してから日本全国で子育て支援の講演や研修をしてきました。オランダの各地で学校を視察してきた教師教育者でもあります。また、世界30か国以上で子どもたちの育ちを観察して、自分も2人の子どもを育てたフルタイム勤務のシングルマザーです。20歳を過ぎた2人の子どもの保育・教育の場は、日本を除いてトータルで8か国に渡ります。

　日本内外のいろいろな子育てや教育に触れて、どうしたら日本の子どもたちの養育環境が少しでも良くなるだろう、そのためにどんな子育て支援をすればいいのだろう、そもそも今の日本においてどう子どもが育つといいのだろうと考え続けてきました。

　ここ数年、保育者でない私に、園長先生や主任保育者、保育所を対象とした子育て支援や保護者支援の研修をしてほしいという依頼が次々と舞い込んできました。どうして私に依頼がくるかというと、たぶんそれはきっと、私が保育の研究者ではないからです。え？　と思われるでしょうね。私は保育についてよく知らないので、研修では当事者である皆さんがお互いに学び合っていただく場を作っています。プロの皆さん同士が知恵を絞り合うのですから、最高の実践知が研修会場にあふれるのです。ですからこの本には、私の心理学や教育学やソーシャルワークの知識と、世界各国での情報や経験に加えて、そうして教えていただいた知恵も書かせていただいています。

　この本の中には、保育者の皆さんと一緒に考えたいなと思う問いと、その答えを出すために必要なさまざまな材料を詰め込みました。日本全国の研修を通して保育者や保護者と考えたことについて、私の研修を受けるつもりで、どうぞ読み進めていただければと思います。

平成30年5月

武田　信子

CONTENTS

はじめに

第1章　子育て支援って何をするの？

1　あなたの子育て支援のイメージを教えて！ ……………………… 8
（1）保育所の役割
（2）子育て支援の5つのイメージ
2　保育所保育指針ってわかる？ ………………………………… 13
3　保育者が子育て支援をする意味 ……………………………… 14
（1）子育て支援のひろばの誕生
（2）子どもにやさしい社会の実現に向けて

第2章　コミュニティにおける保育所のあり方

1　コミュニティとは ……………………………………………… 20
（1）地域コミュニティの弱体化
（2）保育所による子ども家庭福祉
2　保育所による子ども家庭福祉の拡大 ………………………… 23
（1）子育て支援と家庭での子育て
（2）少ない子どもたちを集めて専門家が育てる社会へ
3　コミュニティの中の保育所への期待 ………………………… 26
（1）保育の必要な子どもたちが通う場所
（2）子育てのモデルの提供

第3章　これからの子育て支援──保育所保育指針のトリセツ

保育所保育指針を読む ……………………………………………… 30
1　保育所における子育て支援に関する基本的事項 …………… 34
（1）保育所の特性を生かした子育て支援
コラム　保護者同士のつなぎ方
（2）子育て支援に関して留意すべき事項
2　保育所を利用している保護者に対する子育て支援………… 71
（1）保護者との相互理解
（2）保護者の状況に配慮した個別の支援
（3）不適切な養育等が疑われる家庭への支援

3

3　地域の保護者等に対する子育て支援 ……………………… 85

（1）地域に開かれた子育て支援

（2）地域の関係機関等との連携

コラム　現代の保護者と保育者事情

第4章　保育者の知りたい保護者支援

1　子どもへの対応に課題がある保護者の支援 ……………… 98

（1）子どもに注意できない保護者

（2）子どもの言うことを鵜呑みにし、言いなりになっている保護者

（3）子どものやりたい放題を止めない保護者

（4）子どもの甘えを受け入れられない保護者

（5）子どもの現状よりもさらに先をやりたがる保護者

（6）子どもと一緒に過ごそうとしない保護者

（7）コミュニケーションの時間がとれない保護者

（8）直接会って話ができない保護者

（9）持ち物や提出物を持ってこない保護者

（10）登所やお迎えが遅い保護者

（11）話が伝わらない保護者

（12）連絡帳で何度も同じ質問をする保護者

（13）自分の話ばかりしたがる保護者

（14）子どもの体調が悪くても迎えに来ない保護者

（15）子どものしつけは保育所でするものと思っている保護者

（16）子どもと目を合わさない保護者

（17）子どもといつも一緒で離れない保護者

（18）子どもにことばをかけない保護者

（19）外国語を母語とする保護者

（20）精神的な病をもつ保護者

2　クレームへの対応 …………………………………………… 125

（1）クレーム対応の基本

（2）実際に問題がある場合

（3）保育への誤解、理解不足がある場合

（4）保育や子育てへの不安

（5）保育への不信感

第5章　自分を高めよう　研修と研究

1　外部研修の受け方 ……………………………………… 132

2　園内研修の企画 ………………………………………… 133

（1）園内研修の計画

（2）読書会の進め方

3　研究の方法 ……………………………………………… 136

（1）研究の意義

（2）グループワークによる「研究」

4　ことばの力をつける方法 ……………………………… 141

（1）ことばにすることの大切さ

（2）ことばの力をつける方法

コラム　子どもの発達の話

おわりに

> 凡例
> 本書では原則的に、以下のとおり用語を統一しています。
> ・保育士、保育者→保育者
> ・園、保育園、保育所→保育所

子育て支援って何をするの？

子どもの保育をするために保育者になったのに、子育て支援なんて…。と思われる人も多いでしょう。そもそも、子育て支援とは何を指すのでしょうか。まずはこの素朴な問いから考えてみましょう。

① あなたの子育て支援のイメージを教えて！

　この本を手に取ったあなたにとって、子育て支援とは具体的に何をすることですか。この本に書いてある子育て支援と自分の子育て支援のイメージのどこが同じでどこが違うか、最初に確認してみましょう。

　そもそも以前の保育所保育指針には、保護者支援、とまとめて書かれていた部分が、今回の指針では、

1. 保育所を利用している保護者に対する子育て支援
2. 地域の保護者等に対する子育て支援

の2つに分けられました。

　ですから、これからそれぞれの子育て支援について学んでいかなくてはなりません。

　そこで、まず、あなたの中に今ある子育て支援のイメージを確認してみましょう。

　あなたはこれまでどんなふうに保護者とかかわってきましたか。また、どんなふうに保護者を支援してきましたか。それは子育ての支援でしたか。それとも保護者という個人への支援でしたか。

　この本を先に読み進める前に、1分間ほど振り返って、箇条書きで書いてみてください。

・
・

・
・
・

それは、悩みの相談にのったことでしたか？

それとも、子育てのハウツーを伝えたことでしたか。それとも…。

□ 子どもとの接し方のヒントをさりげなく見せたこと。

□ なかなか帰ってこない保護者を、子どもと一緒にじっと待ったこと。

□ 疲れて帰ってきた保護者を子どもと一緒に迎えて一緒に喜んだこと。

□ 連絡帳に子どもの様子を事細かに伝えようと、一所懸命書いたこと。

□ 保護者会で最近の子どもの様子を夢中になって話したこと。

□ 保護者同士の関係をつなごうと、イベントを提案したこと。

□ 落ち込んでいる保護者に励ましの言葉をかけ続けたこと。

　どれも大切な保護者支援であり、子育ての支援ですね。あなたがしたことのあることにチェックをつけてみましょう。そう、きっとこれまで、すでに何かしてこられたと思います。そこで、これまでの保護者支援が、さまざまな保護者に対する子育ての支援としてさらにうまくできるようにもっと楽しくできるように、この本を活用していただければ幸いです。

（1）保育所の役割

　最初に確認しておきたいのは、**子育て支援＝保護者支援＝保護者対応ではない**、ということです。ましてや保護者との対決ではありません。

　これまで、保護者支援というと、モンスターペアレントといわれるような理不尽な要求をしてくる保護者たちに対応したり、何か困難な課題を抱えた保護者の相談にうまく乗ったりするなど、つい、問題のある保護者に何とか対応するのが保護者支援、というイメージがあったようです。

　そして、どうしてそんな業務をしなくてはならないのか、もっと子どもたちと過ごす時間がほしいのにと思うことがあるかもしれませんね。毎日忙しく保育の仕事をしていると、どうしても子育て支援＝保護者支援＝保護者対応と思ってしまうこともあるでしょう。

　加えて、どうして地域の知らない保護者の面倒までみなくてはいけないのかと思うこともあるかもしれません。

　でも、そもそも、知らない人がいる地域に生活しているという状況は、自分の居場所としてどうでしょうか。どの人もみんな知っている地域で、親子が向こうから歩いてきたら「せんせい〜」ってあいさつしてもらえる、そんな明るい地域で仕事をしたくはありませんか。保育所が拠点になって、そんな地域作りを始めてみませんか。

　もし、地域の保護者に対していつどんな情報を提供し、赤ちゃんをどう育てていくかをともに考えていくことができれば、それは、子どもが

健やかに育ち、不要に大きな問題を起こさないための「予防」になるでしょう。地域の子育て支援とは、保護者が地域の生活の中で育つ「成長の支援」「場作り」をプロの立場で行うことなのです。

　保護者が保育者によって育てられたら、今度はいつの間にか、保護者が保育者支援をしてくれる関係になることでしょう。保護者とともに行う保育が楽しくなり、保育が楽になるでしょう。そんな保護者との関係ができるといいですね。

（2）子育て支援の5つのイメージ

　さてここで、本書に書かれている子育て支援を、キーワードでまとめておきましょう。

　　存在：地域に安心して利用できる保育所があって、保護者が子どもと一緒にいられない時間の子育てをしっかりと荷っているということ。保育サービスを提供することで、必要以上の生活の負担を軽減すること。

　　関係：保護者が保育所を利用しながら楽しく子育てできるようにすること。そのために、保育者と保護者が何気ない会話ができる関係性をもつこと。

　　こちらから声をかけること。支えること。適切な情報を提供すること。よりよい子育てを一緒に考えること。問題が発生しないように事前に予防すること。

子育て支援って何をするの？　　11

媒介: 保護者同士のつながりを作ること。保護者が孤立している、孤軍奮闘しているという感覚をもたなくていいようにすること。たとえ子育てに自信がなくても、いろいろな人とかかわりながら子育てしていけるように支えること。

尊重: 保護者一人ひとりを尊重して、エンパワーすること。つまり、子どもをともに育てる相手として、どの保護者とも一人ひとりとしっかりとかかわること。そのために、話をよく聴くこと。

　保護者のとる行動の理由やさまざまな感情を理解すること。その上で、保護者の力を見出し、育て、伸ばすこと。

地域コミュニティ: 保育所や地域の保護者、住民に、保育の専門家として子育てを支えるための情報を発信すること。地域とつながり、地域のコミュニティをつなげ、社会的弱者になりがちな子どもたちを中心に地域コミュニティを作っていくこと。

　つまり、保育している子どもたちを真ん中に置いたコミュニティが、保育所を中心にその地域にできるように働きかけていると、それが保護者の子育てを支援することになるわけです。　**E**

② 保育所保育指針ってわかる？

　保育所保育指針。7文字も漢字が並んでいる…うーん、読みたくない。あなたは大丈夫ですか？

　そもそも、保育者は保育所でどんな保育をするのかということについて書いてあるのが「保育所保育指針」。保育に詳しい先生たちが何回も議論して、厚生労働省の職員が練りに練って書き上げた文章です。解説書が何冊も出ているので、きっと園長室に一冊は置いてあると思います。研修会に参加した方もいらっしゃるかもしれませんね。

　でも、ずらっと並んだ文字を一人でがんばって読解する気にはなかなかなれないでしょうし、実際に子育て支援に関してこれからはどうすればいいのかを詳しく知ることはなかなかできないでしょう。

　そこで本書ではまず、保育所保育指針の第4章「子育て支援」の文章に沿って、皆さんと一緒に子育て支援について考えていくことにします。

子育て支援って何をするの？　　13

③ 保育者が子育て支援をする意味

（1）子育て支援のひろばの誕生

　さて、保育所保育指針には、保育所の保育者が、子育て支援あるいは保護者支援をするようにと書いてあるのですが、まず、どうして保育者が子育て支援をする必要があるのか、保育者が子育て支援をすることはどんな意味があるのか、あらためて考えてみましょう。

　今から30年前、核家族の子育てがどんどん大変になってきた頃、子育て支援はまだありませんでした。子育てを共同でしたい、しなければやっていけない専業主婦たちが自主的に子育てサークルを作るなどして支え合っていました。一方、少子化が進み、将来の労働力になる子どもの数の確保という経済政策の観点から、25年前に保育所を子育ての地域モデルにしようという事業が開始されました。この頃はまだ3歳未満児の約8割が家庭で過ごしていました。

　20年前になって、地域の専業主婦の子育てがいよいよ大変になっていることが社会で共有されるようになり、NPO等による地域子育て支援の動きが「つどいの広場事業」として国の施策に取り込まれ、さらに保育所がもっている資源を地域に開放して提供しようという合意ができました。保育に欠ける子どもとその親に対象を限定していた保育事業が地域に開かれたのです。これは、働く親に対する子育てと仕事の両立支援という経済政策の観点が、次世代を担う子どもたちを社会で育てていく

必要性があるという認識に変わるという大きな変化でした。そうして、保育所における地域子育て支援が求められるようになったのです。

　ところが、保育所には子どもの保育の専門家はいても、保護者という大人の専門家はいませんでした。保育者は地域の専門家でもありませんでした。そこで、次第にどうして私たちが担当しなければならないのかという不満や、何をすればいいのかわからないという不安があちらこちらから聞こえるようになってきました。そこで、各地で研修が組まれました。子育て支援の研修を全国で展開していた私も、研修を依頼されました。

　当時は保育所における子育て支援は、保護者支援と言われていました。そして、保護者支援といえば保護者の相談にのることではないかと、カウンセリングの勉強をする保育者もたくさんいました。私は臨床心理士なので、カウンセリングの研修も引き受けました。でもカウンセリングというのは、高度な専門性が必要とされ、身につけるのに何年もかかる技術です。保育者はカウンセラーになるわけではなく、保護者も保育者にカウンセリングを求めているわけではないでしょう。そもそも、保護者が悩みごとを一番話したいのは、実家の母親、夫、友人などであって、子育て支援者や保育者ではないということを私は知っていました。

　そこで研修で何を扱えばいいかと思案し、最初に保護者支援の研修を頼まれたときには、当時出版されていたほぼすべての保育所における保護者支援関係の本を集めました。でもそれらの本に書いてあることは、カウンセリングか、あるいはほとんど皆さんが知っていることのように

思えました。そこで私は、きっと皆さんがあまり知らない、保護者支援の考え方や、コミュニティ全体で子育てを支える仕組み作り、子育て支援に役立つソーシャルワークやコミュニティワークの考え方について研修をするようにしたのです。

（2）子どもにやさしい社会の実現に向けて

　保育所は日本全国にあります。平成29年度現在で237万人の子どもたちが保育所を利用しています。この子どもたちは、この子育ての大変な時代にプロに育ててもらえる子どもたちです。日本は働きながら子育てをするのが大変な国です。働く保護者の子育てをプロが支えることで、子どもたちの育ちが安定します。

　さきほど、25年前、家庭で過ごす3歳未満児が約8割を占めていたと書きました。今はどうでしょうか。平成25年度の場合、0歳児の11％、1歳児の30％、2歳児の38％が認可保育所に預けられています。家庭的保育の数は含まれていません。そして3歳児の86％が保育園や幼稚園などに預けられているのです。この割合は潜在的に入所を希望している乳幼児の数ではありませんから、待機児をすべて受け入れるともっと多くの乳幼児が保育所に来ることになります。ちなみに平成29年度の総務省の3歳未満児保育の目標は44％となっています。これだけの親子が保育所に期待を寄せ、その年齢は低年齢化し、時間は長時間化し、さらに専業主婦の子育て支援も保育所が担う時代になっているのです（図表1-

●図表1−1　女性の就業率（25〜44歳）と保育所等利用率の推移

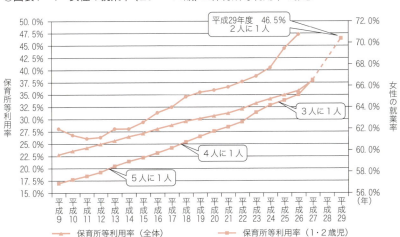

出典：厚生労働省「福祉行政報告例」、総務省「人口推計年報」、総務省「労働力調査」

1)。保育者の役割は必然的に変化しているといえるでしょう。

　今の保護者世代は、自分自身が小さな子どもと過ごした経験がなく、子育てのモデルがありません。子育ての仕方を知っている保育者は、保護者にとってのモデルなのです。働いて疲れた保護者を「お帰りなさい」と迎える実家の役割も果たしています。その上、子どもの危機を察知したり、保護したり、余裕のない家庭に代わって基本的発達を支えたりしています。

　一方で、保育所に入らず専業主婦に育てられている子どもたちがいます。ワンオペ育児をしている専業主婦の人たちがイライラすれば、虐待

子育て支援って何をするの？　　17

はすぐそこです。その親子も誰かが支えなければなりません。

　もっとゆったりとした社会であれば、多忙な保育者に子育て支援を託さずに済むと思いますが、そのことも含めて、社会が子どもたちにやさしい、子ども家庭にやさしい社会になっていくよう、子どもに最も近い立場の保育者の皆さんに、今できることを学んでほしいと願っています。

　かつて小学校が地域の核であったように、保育所が地域の核になる時代が来るかもしれません。

第2章

コミュニティにおける保育所のあり方

保育所における子育て支援の概要について学んだ後は、保育所が地域にとってどのような存在であるべきか、コミュニティにおける保育所のあり方を考えます。

① コミュニティとは

（1）地域コミュニティの弱体化

　人は一人で生きることはできません。親から生まれ、さまざまな人たちに囲まれながら育ちます。子どもを育てるには村中の人が必要だ、向こう三軒両隣とは仲良くと言われますね。人間は群れて生活する動物なのです。

　共通の環境、目的、利害関係などをもつ人たちの集団を「コミュニティ」といいます。地域や住居、民族、性別、学校、趣味などによって、人は同時にいくつものコミュニティに所属して、それぞれのコミュニティの成員として存在します。例えば、サークルのコミュニティ、保育者のコミュニティ、保育所のコミュニティ、女性のコミュニティ、〇〇地区のコミュニティ、〇〇高校のコミュニティ、日本人のコミュニティなどです。あなたはどんなコミュニティに所属していますか。考えて書いてみましょう。

今、日本では地域コミュニティのつながりが弱くなっています。子どもの生きる世界は、家族や親戚と地域程度の狭さですが、子どもを幸せに育てるためには、まず、それらの世界を豊かにしていくことが必要です。子どもの生活する範囲の地域が、どれだけ温かい人間関係でつながり、保護者もそれらの関係に支えられているかが大切なのです。

　一方、保育所だけがよいコミュニティで、そこで育つ子どもたちが幸せだという状況はどうでしょうか。一部の恵まれた人たちだけが幸せに育ち、他の子どもたちが荒れた環境の中で育つという状況は、大変利己的で、さまざまな格差を生み、健全な社会とはいえないでしょう。そこから外れた人たちと後々一緒に生きていくことになるため、長い目で見ると得策でもありません。せめて同じ地域に住む人々が、みんなで温かく子どもたちを囲み、一緒に生活していくような社会を作りたい、その一員でありたいとは思いませんか。

　これまで保育所は、入所した子どもたちの幸せを追求し、それを実現してきました。ところが近年、地域コミュニティの崩壊や核家族化の進行等に伴って、子どもを保育所に通わせない専業主婦たちが、孤立した子育てに苦しみ、子育てに追い詰められ、虐待に至るほどの状況を呈してきました。苦しいと叫んだ保護者たちが子育て支援を地域に広げてきたのですが、それだけでは足りませんでした。もし専門性をもった保育者たちが、子育て支援にかかわってくれるようになったら…地域の資源として保育所が活用できたら…そう考えて、子育て支援センターが保育所内に設置されるようになったのです。

コミュニティにおける保育所のあり方　　21

子育ての助け合い、支え合いのコミュニティを保育所を拠点として展開することで、日本の子どもたちを健やかに育てていこうというのが、保育所における子育て支援の発想です。

（2）保育所による子ども家庭福祉

　家庭の背景にはその場に来ていない多様な家族や親族がいて、その関係性の中で保護者と子どもたちは生きています。また、住んでいる地域や職場など、保護者や親子の所属しているコミュニティにもさまざまな人たちがいて、それらの人たちとの関係性の中で保護者と子どもたちは生活しています。しかも、保護者は保護者である以前に一人の人として、さまざまな体験・関係の記憶をもちながら、今の子どもとの生活を始めているのです。

　保育者は保育所を中心とした支援をしていくので、子ども家庭を丸ごと支援していくということは実際には難しいですし、まず保育所の中の業務をしっかりと果たしていくことが大切です。でも、子ども家庭福祉ということばと概念は知っておいてほしいのです。家庭の一つひとつ、保護者と子どもたちの一人ひとりに多様な背景があるということをしっかりと認識してかかわることで、日頃のことばかけや支援のアイデアが少し変わるかもしれないからです。なお、子ども家庭福祉に関心のある方には『子ども家庭福祉の世界』(有斐閣アルマ)を紹介しておきます。　**E**

② 保育所による子ども家庭福祉の拡大

（1）子育て支援と家庭での子育て

　地域の母親たちの献身的な努力によって子育て支援は充実してきましたが、子育ては必ずしも楽にはなりませんでした。日本社会は急速なスピードで、競争化、個別化、情報化していき、生活の格差は広がる一方です。大人も子どもも時間に追われ、余裕のない生活です。未熟なもの、整理されないもの、うるさいもの、きたないもの、あぶないものは、避けられるようになり、それはまさに子どもの世界そのものなのですが、そういったものは否定的なまなざしを向けられるようになりました。子どもがぐちゃぐちゃにすることに耐えられない、家が清潔でなく整頓されていないことに寛容でいられない保護者たちが、子どもの存在に戸惑っています。

　子育てもきちんとしていなければならない、泣かせてはならない、など「○○してはならない」だらけになるのですが、そもそも経験のない子育てをインターネットにあふれる情報を頼りにしてみても、うまくいくわけはありません。あるべき姿を求める保護者と裏腹に、子どもたちの世界は太古のままですから、保護者のイライラは募り、かつてのようにぼろぼろのおさがりを着せ、穴あきの靴下を履かせておくという選択肢はなく、子育てにはお金がかかるのでとか、母親も働く時代だからとかいう理由で、子どもを保育所に預けて外で働くという選択肢を選ぶ家庭

コミュニティにおける保育所のあり方　23

が増えました。親が見ていなくても、車の来ない道を幼児がぶらぶらと歩いていたら、年長の子どもたちや地域の人たちがいつのまにか面倒をみていてくれるという社会ではなくなったのです。

　少子化にもかかわらず、都会の保育所には親子が殺到し、保育所に入れるのが市民の権利として当然と考える保護者たちと、子育てや保育に公共のお金をそれほどはかけられないと考える行政と、急に質の低い保育所を増やしてはいけないと考える人たちなどがいろいろに議論している状況です。

（2）少ない子どもたちを集めて専門家が育てる社会へ

　子どもは放っておけば育つし、年長の子どもでも子守りはできると考えられていた時代は、まだ地域社会や親族関係の絆があり、自然環境も子どもたちの発達を促していました。しかし今の時代は、子どもを自然に発達させられる環境ではなくなっているため、子育ては専門家の支援がないと難しくなってしまいました。子どものケアにベテランの専門家の支援が必要なのです。

　近所の子育て経験のある人たちや、子育てを終えた先輩である「おばさん・おじさん・おばあさん・おじいさん」がいれば、その役割を担うこともできますが、専門職として一番近いのは保育者です。また、子どもたちが一番多く集まるのも、保育所なのです。

　さらに、子どもの養育環境が、子どもの学力や非認知的能力、性格、

将来の経済力などに大きな影響を及ぼすことが広く知られるようになり、子どもをよく育てたい保護者も国家も、子育て環境をどう整えるかに関心をもつようになりました。

　今は、少ない子どもたちを集めて専門家が育てる社会になってきたのです。

③ コミュニティの中の保育所への期待

（1）保育の必要な子どもたちが通う場所

　さて、これまでの業務に加えて、保護者の面倒をみて、地域の仕事まで引き受けなければならなくなった保育者という仕事です。待遇改善の流れは出てきましたが、まだその労働の負担に比べて献身の期待のほうが大きく、「私の子どもの面倒をみてくれて当然でしょう」という保護者もいる中で、対人支援職は感情労働（業務としての対応以上に感情的なストレスの負荷がかかってくる大変な仕事）であるといわれるようになってきました。

　本書に書かれているような「理想や期待」とかけ離れた保育所に勤務していて、複雑な思いでこの本を読む保育者もいるのではと危惧しつつ、ここに書かれていることを実現する方向に向かうことで、保育者の専門性が社会に認められるようになるのではないか、おんなこどもの世界と思われていた仕事が、実は社会に大きなインパクトを与える重要な資本であると認識されるのではないかと考えています。

　保育に欠ける子どもたちの通う場という定義が、保育が必要な子どもたちの通う場という定義に変わった今、保育所は社会全体の基盤を作る地域コミュニティの場になるのだと思います。

(2) 子育てのモデルの提供

　地域コミュニティの中にある保育所は、開放されればその地域の子育てのモデルとなりえます。どろんこ保育をしていればどろんこ育児のモデルに、木育をしていれば木材を取り入れた生活が家庭で真似されるかもしれません。

　もりの幼稚園のような活動をしていれば、外で過ごす日常のモデルになるのです。保育者がおんぶをしていれば、おんぶをしようという保護者も出てくるでしょうし、男性保育者が活躍していれば、父親の参画も進むでしょう。

　地域に開かれるということは、それだけ保育所の情報が外に出ることになります。子育ての様子が日常的に見られなくなっている今、さまざまな世代の地域住民から見守られ、注視される場となっていくことが予想されます。

第3章

これからの子育て支援
―― 保育所保育指針のトリセツ

子育て支援について、国の方針を知るために、まず、保育所保育指針の中で子育て支援について書かれている部分を学んでいきましょう。それは、保育所保育指針第4章「子育て支援」の中に含まれています。下線を引いた部分をあとで丁寧に解説していきます。

保育所保育指針を読む

囲みの中に指針の文章をそのまま抜き出しました。下線と番号は筆者によるものです。この番号に合わせて次の項から指針に書かれた内容が具体的にどういうことを意味しているのか、現場でどのようにすればいいのか検討していきましょう。

保育所保育指針　第4章　子育て支援

保育所における保護者に対する子育て支援は、全ての子どもの健やかな育ちを実現することができるよう、第1章総則及び第2章保育の内容等の関連する事項を踏まえ、子どもの育ちを家庭と連携して支援していくとともに、保護者及び地域が有する子育てを自ら実践する力の向上に資するよう、次の事項に留意するものとする。

1　保育所における子育て支援に関する基本的事項

（1）　保育所の特性を生かした子育て支援

ア　保護者に対する子育て支援を行う際には、<u>各地域や家庭の実態等を踏まえる</u>とともに、<u>保護者の気持ちを受け止め</u>、<u>相互の信頼関係を基本に</u>、<u>保護者の自己決定を尊重する</u>こと。

イ　保育及び子育てに関する知識や技術など、保育士等の専門性や、子どもが常に存在する環境など、保育所の特性を生かし、保護者が子どもの成長に気付き、子育ての喜びを感じられるように努めること。

（2）　子育て支援に関して留意すべき事項

ア　保護者に対する子育て支援における地域の関係機関等との連携及び協働を図り、保育所全体の体制構築に努めること。

イ　子どもの利益に反しない限りにおいて、保護者や子どものプライバシーを保護し、知り得た事柄の秘密を保持すること。

2　保育所を利用している保護者に対する子育て支援

（1）　保護者との相互理解

ア　日常の保育に関連した様々な機会を活用し子どもの日々の様子の伝達や収集、保育所保育の意図の説明などを通じて、保護者との相互理解を図るよう努めること。

イ　保育の活動に対する保護者の積極的な参加は、保護者の子育てを自ら実践する力の向上に寄与することから、これを促すこと。

（2）　保護者の状況に配慮した個別の支援

ア　保護者の就労と子育ての両立等を支援するため、保護

者の多様化した保育の需要に応じ、病児保育事業など多様な事業を実施する場合には、保護者の状況に配慮するとともに、子どもの福祉が尊重されるよう努め、子どもの生活の連続性を考慮すること。

イ　子どもに障害や発達上の課題が見られる場合には、市町村や関係機関と連携及び協力を図りつつ、保護者に対する個別の支援を行うよう努めること。

ウ　外国籍家庭など、特別な配慮を必要とする家庭の場合には、状況等に応じて個別の支援を行うよう努めること。

（3）　不適切な養育等が疑われる家庭への支援

ア　保護者に育児不安等が見られる場合には、保護者の希望に応じて個別の支援を行うよう努めること。

イ　保護者に不適切な養育等が疑われる場合には、市町村や関係機関と連携し、要保護児童対策地域協議会で検討するなど適切な対応を図ること。また、虐待が疑われる場合には、速やかに市町村又は児童相談所に通告し、適切な対応を図ること。

3　地域の保護者等に対する子育て支援

（1）　地域に開かれた子育て支援

ア　保育所は、児童福祉法第48条の4の規定に基づき、その行う保育に支障がない限りにおいて、地域の実情や当該保育所

の体制等を踏まえ、地域の保護者等に対して、保育所保育の専門性を生かした子育て支援を積極的に行うよう努めること。

イ　地域の子どもに対する一時預かり事業などの活動を行う際には、一人一人の子どもの心身の状態などを考慮するとともに、日常の保育との関連に配慮するなど、柔軟に活動を展開できるようにすること。

（２）　地域の関係機関等との連携

ア　市町村の支援を得て、地域の関係機関等との積極的な連携及び協働を図るとともに、子育て支援に関する地域の人材と積極的に連携を図るよう努めること。

イ　地域の要保護児童への対応など、地域の子どもを巡る諸課題に対し、要保護児童対策地域協議会など関係機関等と連携及び協力して取り組むよう努めること。

① 保育所における子育て支援に関する基本的事項

（1）保育所の特性を生かした子育て支援

①各地域や家庭の実態等を踏まえる

　子育てを支えるためには、受け入れる親子がどんな生活をしてきたか、しているか、これからどんなふうに生活していくかを知る必要があります。子どもの育ちは、環境の影響を強く受けるからです。

　そこでまずは、地域や家庭の実態を知りましょう。そのために、保育所の周囲の拡大地図を見て、どこにどんな公共機関や公園、家族が利用する商店、医療機関などがあるかを確認しましょう。子どもたちの家がどこにあるか、どんな道を通って来所してくるのかなども確認する必要があります。みんなで見られる地図を作るといいですね。

そもそも、あなたの保育所のある地域の平均年収はどの程度で、乳幼児親子はどんなものを食べ、どんな雑誌を読み、どこから子育て情報を得て、24時間どんな生活をしているのでしょうか。保護者自身はどんなふうに育ってきたのでしょうか。

　このように、子どもの育っている背景に関心をもち、その養育環境が子どもの発達にどんな影響を及ぼしているのか想像してみることが大切です。

　次に、毎月発行されている自治体の広報誌に目を通しましょう。公立の保育所には送られてきているでしょうし、新聞に挟まれていたり、役所のカウンターに置いてあったりします。各種の公式な施策の他、乳幼児親子関係のイベント開催情報も出ているはずです。

　また、母子手帳や転居してきた家族に配布される乳幼児支援の冊子にも着目しましょう。乳幼児の支援をしている民間団体にどんなものがあるか、親子が利用している施設はどんなところかを確認しておくと、保護者とのちょっとした会話のときに話題にでき、新しく入所してきた親子に安心して紹介することができます。皆が調べた資料を置いておくコーナーを保育所内に作れば、保護者や仲間とも共有できて一石二鳥ですね。

　また、乳幼児関係の自治体の条例や方針を丁寧に読んだことはありますか。自治体は、明文化されていることはやらなければなりませんが、一方で、書いていないことを要求されてもできないのです。自治体に3年間の支援計画があるとしたら、そこに書いてあることに沿って支援は

これからの子育て支援——保育所保育指針のトリセツ　　35

なされます。ですから、必要な支援なのに不足していると気がついたら、そこに書き込まれるように事前に動きを作っておくことが必要です。支援計画を作る委員には保育関係者が入っているはずですから、その人を通して意見を言ってもらえるように働きかけましょう。もちろん、自分が委員になってもいいのです。

②保護者の気持ちを受け止める

　相手の気持ちを受け止めるというのは、対人支援のキホンのキですね。いろいろなところで言われていますが、とても難しいことです。

　気持ちや感情に良い悪いはありません。「悲しい」という状態に対して、悲しむのはやめなさいと言っても効果はなく、「殺したいほど憎い」ときに、殺したいなんてひどいと第三者が言うのはお門違いです。例えば、自分の子どもを殺された保護者の加害者に対する気持ちを考えてみればわかるでしょう。

　どんなに受け入れがたい感情でも「今はそういう気持ちなのですね」と受け止めることは可能です。「そうなんですね、あなたは今そういう気持ちなんですね」「（私は同じ気持ちにはなれないけれど）あなたがそう思っているということはよくわかりました」と、いったん受け止めることを意識してみてください。その上で、保護者に対する相談援助について考えてみましょう。

　さて、自分に悩みがあるとき、あなたは誰に相談しますか。その人はどんな人ですか。あるいは、誰にも話さないでしょうか。話さないのは

なぜでしょうか。

　子育ての悩みは、身近で信頼できる家族や保護者に相談することが多く、いくら専門性をもっているからといっても、最初から保育者に相談することはあまりありません。身近な人に相談してみても答えが得られないとき、納得がいかないとき、困っているとき、専門的なアドバイスがほしくて相談するのが保育者でしょう。

　保育者としては、自分を信頼して最初から何でも話してくれるといいなあ、そういう保育者でありたいなあと願うかもしれませんが、なかなかそうはならないものです。もし、最初に保育者に相談する保護者がいたとしたら、それは、身近に誰も相談できる人がいないことを意味するのかもしれません。

　ですから、日頃から相談しやすい雰囲気を作ることはもちろん、多くの相談は相談の形をとってされるものではないということも知っておきましょう。例えば「今までにこんな子はいましたか」「この子はいつもこうなんです」というようなつぶやきや、夫や舅姑（舅と姑）、周囲の人たちに対する愚痴という形で話されるかもしれません。そういう保護者の声を聞き逃さずに、どうしてそういうつぶやきが出てくるのかと考えてみましょう。

　「どうして？　どうして？　どうして？」と３回くらい繰り返して考えてみると、しっかりとその理由が見えてくることがあります。

　それでもわからないときは、どうしてそう思うのか、実際に聞いてみましょう。状況や回答を一番よく知っているのは実は当事者である保護

これからの子育て支援——保育所保育指針のトリセツ　　37

者です。第三者があらためて聞くことによって保護者自身が考える機会を提供することになります。

　また、すべてを保育者が答えてしまうのは、実はもったいないことです。保護者同士で情報交換、意見交換するように声かけしていきましょう。

　もし保護者同士が課題を共有したら、それは仲良くなるきっかけになります。すべての保護者に一人の保育者が対応するのはとても大変で無理ですから、保護者同士が知恵を出し合うようにしたほうが効率的です。とりわけ、少し先輩の保護者であれば、ついこの間まで自分が悩んでいたことなので、真剣にその話題につきあってくれるでしょう。先輩保護者は自信をつけることができ、後輩保護者は心強い味方を作ることになります。

　保育者は、それらのやりとりをそれとなく聞きながら、もしとんでもない間違いが生じていたら介入することもあるかもしれませんが、他の保護者も巻き込みつつ、保護者同士のコミュニティを強化するように仕掛けていくとよいでしょう。例えば次に挙げるのは、よくある離乳の相談です。

「離乳はどうすればいいのでしょうか?」

　回答はインターネット上にあふれています。あまりにたくさんの情報が流れていて、どれが正解だかわからない状況です。だからこそ、生の声を聞くこと、知り合いに相談することに意味があります。もし、「離乳はいつ頃がいいでしょうか」という質問が出たら、いろいろな考え方や意見があるから来週の保護者会でみんなに聞いてみましょうかと提案し

たり、その場にいる年齢が上のクラスの保護者の中で、うまく離乳を乗り越えた人に「あなたはどうしましたっけ？」と聞いてみてはどうでしょうか。まずはそういう段階を経てから、必要であれば専門家としてのあなたの考えを「こういうふうに考えることもできる」と伝えてみるのです。

　保護者が情報を整理して理解したり、子育てには一つの正しい答えがあるわけではないということに気づいたりする中で子育てに責任をもって自分で判断する力をつけていくためには、考えるプロセスが必要です。保育者は、自分が簡単に答えてしまわないことで、その機会を与えることができるのです。

　ただ、保護者が本当に困っている様子で、緊急に答えることが必要な場合もあります。その場合は、専門家として「様子を見ましょう」「みんなに聞いてみましょう」ではなく、きちんと答えられることが必要です。その見極めが大事ですね。

　カウンセリングの大家であるカール・ロジャースは、研究の中で、カウンセリングの成功・不成功を決めるのは、そこで話されている具体的な内容よりも、その場に流れている雰囲気であるということを見つけました。やさしく温かく聞いてもらっている、この人はちょっと厳しいけれど自分のことを思ってくれている、そんなふうに思えることが大切なのです。皆さんは、相手がそう思えるような聞き方、伝え方をしているでしょうか。

　まずは「よく聴くこと」です。これはとても難しいので、ロールプレイ

をやってみましょう。ある保護者が「夫と別れたい」と言うところからロールプレイを始めます。

　三人一組になって、一人が保護者役、一人が保育者役になります。三人目は、二人を少し離れたところでじっくり観察しながら、やりとりを聞いてください。会話の内容のメモを取ってもいいでしょう。

　時間は2分間です。さあ、始めてみましょう。

ロールプレイはいかがでしたか？

・保護者役と保育者役のどちらが多く話しましたか

・保育者役は、自分の考えるように保護者を説得しようとしていませんでしたか

・保育者役は、自分の体験談を話し始めませんでしたか。あるいは、話したいと思っていませんでしたか

・保護者役は、自分の思うことをじっくり聞いてもらえていると感じていましたか

・保護者役がゆっくり考えながら黙っている時間、保育者役は、黙って保護者役が話し始めるのを待っていることができましたか

「よく聴くこと」は難しいですね。夫と別れるという大変大きなことを、保護者役は本気で言っていたでしょうか。それともただの愚痴だったでしょうか。対して保育者役は、たった2分間で何かいいアドバイスをしようと身構えていなかったでしょうか。まずは、保護者が何を伝えたいと思って話し始めたかを理解するまでに、少し時間がかかるはずです。少なくとも2分間以上はかかるはずです。

　自分の考え方や判断、例えば「離婚は大変なことだ」「離婚はしてはならない」「嫌な相手とは離婚したほうが幸せだ」「離婚など考えるべきことではない」「自分も別れたいと思ったけれど、別れなくて正解だった」「別れたいと思うのは一時的なものだ」「夫婦というのは、折り合いをつけるべきものだ」といった価値観は横に置いておいて、当事者である保護者が今、どんな気持ちなのか、何を言いたいと思っているのかをじっ

くり聴くことが大切です。しかし、相談してもらっているという気持ち
になると、人はどうしても「何か答えなくてはならない」「いい相談役に
なろう」と思ってしまいがちです。

　それでは、もう一度やってみましょう。自分の言いたいことは脇に置
いて、相手の話をまずじっくりと聴くこと。相手が話に詰まったら、黙っ
て寄り添って「ことばが出るまで待つからね」という姿勢でいます。そう
すると、話の流れが変わることがわかるでしょう。

③相互の信頼関係を基本にする

　信頼関係の前提は、第一に笑顔であいさつができるようになることで
す。「この人は苦手だな」と感じる保護者に対しても、プロとしてきちん
と対応できるようになることは、対人援助職である保育者の専門性です
ね。

　では、人は自然に笑顔になれるものでしょうか。実は、誰に対しても
笑顔を向けるというのは難しいものです。ですから、飛行機で乗客の命
を預かるキャビンアテンダントの皆さんは、笑顔になる練習をします。
ぐずっている赤ちゃんや走ってくる保護者、疲れてイライラしながらお
迎えに来る保護者に笑顔を向けるためには、少々練習が必要なのです。

　そこで、笑顔の練習をしてみましょう。割り箸を一本用意して、口に
横向きに挟みます。しっかり「イー」の口をすると、口の周りの筋肉が
引っ張られる感じがします。ほほの筋肉は上に上がり、口角も上に上が
ります。

そのまま割り箸を引き抜きますが、筋肉はそのままで30秒間維持してください。その後、普通の口に戻して、また「イー」。これを繰り返します。口角の周りの筋肉のトレーニングです。「イチ、ニ、イチ、ニ」と、素早く20回やってみてください。できれば鏡を見ながら、きちんとほほの筋肉が引き上げられているか確認してください。なかなか難しいので、しばらく練習する必要があります。

　笑顔が習慣になるまでに、つまり、筋肉がつくまでに、人によっては何か月もかかるかもしれません。でも、確実に笑顔ができるようになります。笑顔の人は好感をもたれやすいので、対人関係の上でもお得ですし、写真映りもよくなります。
　ポイントは、歯を見せることをためらわないこと。人前でできるようになるには時間がかかるかもしれませんが、きっとうまくいくのでぜひやってみてください。

　さて、あいさつもさることながら、問題は信頼関係をどう作るかでした。あなたにとって、信頼できる人はどんな人ですか。書いてみましょう。

- ......
- ......
- ......
- ......
- ......

　そんな人になるためにはどうしたらいいでしょうか。保護者との関係の中で、できる限り最初から信頼される関係を作るよう、心がけていきましょう。そのための準備は、初対面の入所前面談から始まります。地域子育て支援拠点の場合は、初回利用の対応が大切ですね。ここでは入所を前提として記述しますが、地域子育て支援拠点の場合も応用してみてください。また、下記に挙げたことは、暗記して対応するのではなくて、自分の保育所の実情に合わせて、参考程度に取り入れてください。

【初対面の場で】

　見学の時点から、保護者は、この保育所は自分の大切な子どもを安心して預けられるところだろうか、遊ばせられるところだろうかと肌感覚で判断しています。ですから、その時点で「ここまでは頼っても大丈夫という安心感」を与える一方で「一緒に育てていく姿勢」をきちんと示しましょう。

　初めての保護者からは、一挙手一投足、立ち居振る舞いが見られているということを意識しておく必要があるでしょう。

①入り口

　まずは、自分が保護者になったつもりで、入り口から入って最初の場面をシミュレーションしてみましょう。玄関を入ってきたときから、

　　・歓迎していることが自然と伝わるような入り口ですか

　　・誰に声をかければよいのかがわかるようになっていますか

　　・来客用のベビーカー置き場や靴置き場はありますか

　初めての場所に行くと、そこにいる人に声をかける時点から不安かもしれません。ですから、

　　・わかりやすい掲示をしておきましょう

　多すぎる掲示は迷いのもとで、少なすぎる掲示は不安のもとです。そして、来所されたときは「よくいらっしゃいましたね」と歓迎の心持ちで待てるように、

　　・余裕をもって準備しましょう

②最初の対応

　　・人員に余裕のある限り、二人以上で対応しましょう

　そのとき誰が何を話したかを確認でき、伝えることに漏れが少なくなります。また、これから先、保護者はより話しやすい人を選ぶことができます。保育者の欠勤や異動があったときも、どちらか一人でもその保護者について知っていることが、安心感につながります。

　　・保育者同士が協力し合って物事に対応しているところを見せましょう

　保護者は対応する保育者たちの関係性も見ているので、保育者が保護者の目の前で別の保育者を叱責・命令したり、経験の少ない保育者がベ

テランの前でおどおどすると、そうした保育者たちの関係性に合わせようとするでしょう。

　反対に、保育者同士が温かく仲良くしていれば、保育所や保育者に対する信頼感が高まるでしょう。

③面談・受付

　面談や受付の際は、真向かいの位置では対立している印象を与えるため、医師との診察のように90度の角度や、三人であれば三角形の配置にするなど、

　・会話が弾む配置の工夫をするとよいでしょう

　保護者は初めての場所で緊張するかもしれないので、リラックスして話してもらえるように、

　・来所されたことへのねぎらいの言葉、小さな話題、身近な話題から
　　始められるように用意して迎えましょう

　面談や受付においては、

　・保育所の方針

　・自分が日頃、親子対応で気をつけていること

　・保護者に守ってほしいルール

などをしっかりと伝えることが必要です。特に覚えておいてほしい内容については、

　★箇条書きにして、わかりやすい印刷物にして渡す

とよいでしょう。また、

　★お便りがあれば、過去1年間のものを参考として渡す

ことで、これからの様子がわかって安心です。ただし、昨年度から変更があることはしっかりと伝える必要があります。

　一方で、保護者から聞いておきたいことをメモできるように、

・あらかじめ来所親子用のカルテを作っておいて、そこに記入していきましょう

・保護者に隠すことなく、一つずつ確認しながら記入していくのがよい方法です

パソコンでその場で入力して、画面を一緒に見るという方法もありますね。

・保育所の生活や保育者に対する質問には丁寧に答え、納得していただけているか確認しましょう

誰からも同じような質問が予測できるのであれば、

★毎年記録しておいて、最初から全員に説明するようにしましょう

この内容の中には、けがや危険に対する考え方の共有も含まれます。

・子どもの成長に必要なリスクと防ぐべきハザードの違いについて説明しましょう

　リスク　高いところに上ると落ちる、冒険をすればうまくいかないかもしれないというように、人がより良く生活しよう、成長しようとする中で必ずある一定の確率で存在する「危険」

　ハザード　毛虫のいる樹に登れば刺される、錆び釘が落ちているところを裸足で歩いたらケガをするというように、確実に人体に危害が及ぶと予測がつき、避けることができる状態にある「危険」

リスクには危険というマイナス面と同時にプラス面(ベネフィット)もあるので、すべてを取り去ってしまうと、子どもの発達をかえって阻害することになります。リスク・ベネフィットのバランスを考慮し、子どもたちにとって適切な環境作りをめざしましょう。

・小さなけがに対する判断と対応を説明し、後で過剰な説明の必要がないようにしておきましょう

・保護者のけがに対する考えを確認し、必要以上に不安が大きいようであれば、少しずつ説明の機会を設けて理解を求めていきましょう

加えて、よく聞かれるのがお迎えに関する事柄です。そこで、お迎えが遅くなることでお互いに生じる可能性のある事柄について確認しておきます。お迎えが遅くなると、

・子どもが不安になることがあります

・保育者の生活が守られません

お互いが思いやれるように、状況の説明をしておきましょう。

こんなふうに、信頼関係というのは、一つひとつの日常の対応の積み重ねによって作られるものです。何か問題が生じてから急に信頼関係を作ろうとしても、うまくいくものではないということを肝に銘じておきましょう。

④保護者の自己決定を尊重する

人にはそれぞれの生き方、考え方があります。同じ日本人でも経験してきたことは異なりますし、信じていることも異なります。自分が正し

いと信じていることが、必ずしも相手にとっての正義ではないのです。

　他者の人権を侵害しない限り、誰もがその人の人生を生きていくことができます。ですから、多様性の尊重や人権について学びましょう。海外には、落ちているものは拾って自分のものにしていい、という文化があります。子どもをぐるぐる巻きにして育てる文化もあります。包丁の刃を上に向けて食べ物を切る文化もあります。女性同士で結婚できる文化もあります。私たちの知らないことはたくさんあるのです。

　相手を理解する努力をし、自分も理解してもらう努力をし、保護者との信頼関係を築いた上で、保護者がどうしたいと考えているのかを尊重しましょう。それは、投げやりに相手に任せることではなく、保育者としての専門的な知識や情報を提供した上で、保護者に選択権を与えるということです。人は、自分で選択したことに対しては責任をもちますが、他者にすすめられたり押し付けられて決めたことについては、たとえ自分の人生にかかわることであっても、他者に責任を転嫁するものです。

　その人の人生の責任は、その人自身にしか負えません。保護者が迷っているときは情報提供し、相談にのり、最後に自己決定してもらい、それを尊重しましょう。

⑤保育者等の専門性を活かす

　保育所には、栄養士や看護師なども勤めています。地域の医師などとも連携していると思います。専門家が協力し合って、各分野の専門性をもって子どもたちを育てることができるのが保育所の強みです。それら

を活かして、
　・子育てしやすい環境をつくりましょう
　・保護者の子育ての力をつけましょう
　子育ての場の環境づくりについては本書では触れませんので、挙げた書籍を参考にしてください。
　さて、保育者等の専門性を活かして子育て支援するというのは、保護者が自宅で子育てしやすいように専門家から知識や技術を知る機会を作ることです。
　例えば、あなたが友人に頼まれて、子ウサギをしばらく預かることになったと考えてみましょう。一人暮らしのあなたは、子ウサギを飼うのに、どんな食べ物、飲み物を用意すればいいか、室温をどう調節

すればいいかわからないし、どんな住処を用意すればいいかもわかりません。インターネットで情報を調べる間も、子ウサギは鳴き続けています。ネットの情報はいろいろなことが書かれていて、どこを読めば本当のことが書いてあるのかわかりません。

　家族はペットを飼うことに反対なので、相談できません。新しい土地に引っ越してきたばかりのあなたには、近所に子ウサギの育て方に詳しい知り合いなどいるはずもありません。気持ちはあせるばかりで、子ウサギなんか預かるって言わなければよかった、遊びにも行けないし…と思い始めています。

　もし近所に子ウサギを飼育しているところがあって、相談をしに行くと、自分が飼育方法を知らないまま子ウサギを預かったことを叱ったりせず、丁寧にやさしく教えてくれて、このままじゃ死んじゃうかもしれないと泣きたくなるほど困った気持ちをわかってもらえるとしたら、何と心強いことでしょう。きっと、また来たいなと思うでしょう。

　実際、育てているのは預かっている子ウサギではなくて、自分の赤ちゃんです。つまり、もっと責任が重く、長期間で、大変なことが始まったのです。保護者は学歴が高かったり、お金持ちだったり、もしかしたら保育者だったりするかもしれません。でも、初めての子育てで、わかっているつもりだったのにわからないことがたくさんあって、ばかにされるのではないか、でもこの子に何か起こってしまったらどうしようと不安になっているのです。とりわけ、実家に世話になることもできず、保育所などに通っていない赤ちゃんの保護者は、信頼できる情報を得る場

所もなく、泣き言を言うこともできず、家の中で親子二人、困り切っているのです。

　そんな親子を、保育の専門家である皆さんが見守って情報提供したり、時には一緒に赤ちゃんの世話をして遊んだり、近くの親子を紹介したりして支えることができたら、赤ちゃんは健やかに育つことができますよね。

　保育の場合は、子育てを一定時間引き受けることになりますが、子育て支援は保護者の代わりにすべてを引き受けるのではなく、保育所から家に帰ったときに、保護者が自分で子育てできるように支援することです。だとしたら、保育所でできる子育て支援にはどんな支援が考えられますか？

・
・
・
・
・

保護者が自分で子育てできるようにしましょう

　保護者の多くは、初めての子育てです。赤ちゃんを預ける不安から始まり、多くの気がかりをもっています。それが当然だ、ということを理解して、保護者にも言葉で伝えましょう。自分が安心してリラックスして

初めて、赤ちゃんに対してやさしくなれるものです。

　まず、保護者が成功体験を重ねられるように、保護者がまねしやすいように、モデルとなって子どもたちに接することを心がけましょう。見よう見まねで子育てができるように、見える、見せる機会が自然にあることが大切です。保護者の子どもの扱い方が今一つというときには、タイミングを見計らって、保育所ではこんなふうにしていますよと紹介することも検討しましょう。ただし、これがコツですよと、自分のほうがわかっているかのように保護者に上から目線で話をしたり、保護者がうまくできないことをその場でうまくやってドヤ顔をするのはNGです。

　また、保護者がとても地位の高い人だったり、学歴が高かったり、すばらしい仕事をしていても、誰もが子育てに関しては一年生であるということを忘れないようにしましょう。職業人としてのプライドを尊重しながら、赤ちゃんへの接し方を伝えていきましょう。

　子育ては、一つひとつの体験を積み重ねることで上達します。経験なしにうまくなることはありません。ですから、保護者に変化を求めたいときは、「そうではなくて」という否定から入るのではなく、Yes＋andの声かけをしましょう。

　つまり、最初に日々の子育てに対するねぎらいの言葉、肯定的な声かけをすることが必要です。現在の保護者のありかたを認める声かけを十分にした上で、「さらに○○すると、今の状況がより良くなるかもしれませんから、試してみませんか」と提案していきます。例えば次のようなとき、あなたならどう声をかけますか。園内研修で話し合ってみるといい

これからの子育て支援——保育所保育指針のトリセツ　53

ですね。
・子どもの手をぐいぐい引っ張っているお父さんへの声かけ
・赤ちゃんに必要以上の厚着をさせているお母さんへの声かけ
・スマートフォンに夢中で、赤ちゃんを見ていないお母さんへの声かけ

保護者がほっとできるようにしましょう

　大人であっても、自分に余裕がなければ子どもにあたってしまうかもしれません。保護者が力を抜いてリラックスできるようにするには、どうしたらいいでしょうか。

　タイのある保育所には、入り口に広いカフェのような待合室があって、お迎えに来た保護者はいったんそこで気持ちの切り替えをすることができるようになっていました。小さなソファが置いてあるだけでもいいのです。親戚の集まる実家に帰ってきたときのような安心感を、保育所が醸し出すことができるように、そこにいる人からの声かけ、建物や置いてあるものの色合いなどで、温かい雰囲気を作り出せるといいですね。

保護者に情報提供しましょう

　子育てのちょっとしたコツや地域の情報など、保育所ならではの情報をすぐに見られるように提供する工夫をしてみましょう。ゆったりした椅子、持ち寄り形式のお茶コーナーのあるところに、掲示板、本棚などが置いてあって、皆で情報交換ができるようになっているといいですね。資料はラミネートしてあると情報が古くなるまできれいに使えます。

保護者が気軽に声をかけられるようにしましょう

　日頃から目を見てあいさつをし、名前を覚え、「おかあさん」ではなく、保護者の名前で呼びかけましょう。人と人として出会い、仲良くなること、一緒に子どもを育てるパートナーや伴走者の気持ちになることが大切です。自分の名前も覚えていただけるといいですね。名札の着用、写真の活用など、具体的に考えてみましょう。

当事者中心の支援

　次に、どのような支援を行うかを考えます。あなたは、支援内容の選択は当事者中心がいいと思いますか、それとも専門家である保育者中心がいいと思いますか。

　支援を受けるのは、当事者である保護者です。ですから当然、「当事者が求めている」支援の内容を知ることが大切ですね。

　でも一方で、「この親子に本当に必要な支援」は、あらかじめ先の見通しが立つ専門家である保育者のほうがよくわかっていることがあります。

　例えば、栄養士が用意する給食のメニューと、休日に親子が行くファミリーレストランのメニューを考えてみましょう。栄養価が高く、味つ

これからの子育て支援——保育所保育指針のトリセツ　55

けも薄めで、いわゆる「まごはやさしい」(まめ類・ごま・わかめ類・野菜・さかな・しいたけ類・芋類などの食材) といわれるフレーズに基づく、子どもの食べる分量をしっかりと考えた給食のメニューは、子どもの健やかな発達のためには欠かせません。

　子どもの目を引くおもちゃやデザートがついたような「お母さん休め、母危篤」(オムライス・カレーライス・アイスクリーム・サンドイッチ・焼きそば・スパゲッティ・目玉焼き・ハンバーグ・ハムエッグ・ギョウザ・トースト・クリームスープ) のメニューは、子どもの受けはいいけれど、毎日食べるのは考えものです。

　「当事者に必要な支援(給食のメニュー)」と「当事者が要求する支援(レストランのメニュー)」はしばしば異なります。子どもが「ほしい」、保護者が「こうしてほしい」という要求にすべて応えていては、子どもも保護者も成長しないままになってしまいます。それは専門家の仕事ではありません。

　かといって、「自分たちがやりたい支援」は、相手が受け取りたい支援とは違うかもしれません。

　例えば、研修で教わった新しい考え方がとても気に入って、「さっそく保護者に教えたい」と思ったことはありませんか。私たちは専門性が高くなればなるほど、新しいことを知って感激すればするほど、それを人に伝えたくなり、やってあげたくなるものです。また、正解を教えたくなるものです。

　でも、支援する側がやりたいことだけをやっていたら、支援の場の主人公は、支援者になってしまいます。支援者がエンターティナーになってかっこよく知識や情報や技を伝える。みんなにすごいなあ、偉いなあ

と、感激されたり感謝されたりする。そうすると、支援者はとても気持ち良くなるかもしれません。でもそのとき、当事者の知りたいことや必要なタイミングにズレが生じることも少なくありません。得意になっている支援者に声をかけてくる人たちは大勢いるかもしれませんが、声をかけてこない人たちの中にこそ、本当に支援を必要としている人が隠れているのです。

　まず、自分が支援しようとしている内容が、自分がやりたい内容か、当事者たちが求めている内容か、相手にとってのタイミングは適切かについて振り返ってみましょう。

　そうして、当事者中心の支援と保育者の専門性からの支援の矛盾を、どう解消すればいいか考えてみましょう。次に挙げる例は、保護者の要求です。これらの要求に対して、皆さんはどんなふうに感じますか。そして、どう対応すればよいと思いますか。話し合ってみましょう。

例１：子どもが風邪を引くといけないから、雪遊びは決してさせない
　　　でください。

例２：小さい桶のプールに入れるときは、塩素消毒をしている水を
　　　使ってください。流れる水道水や日光消毒した程度の水では、
　　　菌が心配です。

例３：仕事の都合でどうしても30分遅れます。1時間遅れるときも
　　　あります。いえ、1時間半遅れるときもあります。どうぞよろし
　　　くお願いします。

これからの子育て支援——保育所保育指針のトリセツ　57

＜ヒント１＞どちらがいいかという二者択一で考えるのではなく、両方
　　　　　の主張を取り入れた支援の方法は考えられませんか。
＜ヒント２＞当事者のニーズはどうしたらわかるのでしょうか。当事者
　　　　　がどういう情報をもっていて、どうしてそのニーズをもっ
　　　　　ているのか、知ることはできますか。
＜ヒント３＞保護者や子どもの知識不足や認識不足を補う工夫はありま
　　　　　せんか。それらを知ることで、保護者の選択肢が変わると
　　　　　いうことはありますか。

　まず、当事者がどのような支援を求めているか、何に困っているのか
についてよく知ることが第一です。それが良いか悪いかをすぐに判断す
ることは避けて、まずはよく聞いて（調べて）確認しましょう。その上で、
その要求が当事者の現在のどのような状況に基づいて出ているのかを
考えてみましょう。そうすると、実はその要求が、単にその要求を満た
すことで済むものではないことが見えてくることが多いのです。
　あと30分預かってほしいという要求は、30分預かれば済むもので
しょうか。ちょうど乗れる電車の時間が10分遅いために、もう少し預
かってほしいということだけかもしれません。しかしもし、子育てが大
変で少しでも長く預けていたいということだとしたら、もうあと10分、
20分と延びてしまうかもしれません。そうすると、その子育ての大変さ
にアプローチしない限り、保護者の要求はエスカレートし、保護者に子
育ての力はつかず、保育者との関係はぎくしゃくしていくでしょう。あ

るいは、10分遅くなるとスーパーの割引が始まるから、それで1か月の家計がずいぶん助かる、ということかもしれません。その場合、近隣の保護者同士が夕方の買い物の時間に1時間ずつ子どもを預け合うなどの工夫や、共同購入を活用するというアイデア、夕食を一品ずつ持ち寄るという工夫ができるかもしれないのです。

　保護者一人ひとりのニーズの背景がわかってくると、複数の保護者が同じニーズをもっていたり、別の提案や別の支援の形が考えられるかもしれません。

　ちょっとわがままに思える保護者のニーズや無理解に思える要求も、まずは相手の立場に立ってよく聞き、その上で、経験ある専門家としての対応を考えます。そのためにも、専門家の判断を理解してもらう工夫をすることが必要です。

⑥子どもが常に存在する環境など保育所の特性を活かす

子どもが常に存在する環境

　少子化、過疎化が進む地域では、親子の周囲に子どもがいないことがあります。一方、保育所にはその地域の子どもたちが集まっているため、日中、最も子どもの密度が高い場所になります。つまり、孤立した生活をしている親子にとっては、さまざまな親子と出会うことのできる場が保育所なのです。

　子どもは、他の子どもと一緒に過ごすことで多くのことを学びます。遊び相手は、大人よりも子どものほうがいいのです。地域の子どもたち

は、今後、保育所の子どもたちにとって大切な地域の友達になる可能性もあります。しっかりつながって、子どもたちの発達に良い地域を作っていきましょう。

その意味で、地域子育て支援拠点になっている保育所では、保育所に入っていない親子が来たとき、その親子たちを隔離した場所に案内するのではなく、園児とも交流できる機会をできる限り多く用意しましょう。

また、子育てに必要だったり役立つものが揃っているのも保育所です。家庭では購入できない遊具もあれば、離乳食・幼児食の見本なども見ることができます。収納のコツや室内の装飾など、乳幼児が生活する場の工夫も参考になるでしょう。

特に子育てが初めての保護者にとっては、保育所は情報の宝庫です。保護者にとっても子どもにとっても、モデルとなる人がいて、モデルとなる場所があるところが保育所内の地域子育て支援拠点です。

かかわる人も、みんなの「大きな家族」のイメージを共有できるといいですね。

保護者が常に存在する環境

また保育所は、保護者が常に存在する場所でもあります。大人同士がつながることで子どもたちの体験も豊かになるので、保育所を取り囲んだ大人のつながりが広がるイメージをもって、一人ひとりをつなげていきましょう。

保育者と保護者がつながるというのは、一対一の関係作りですが、保護者の数が多くなれば、保育者対保護者は一人対複数になります。すべ

ての保護者といい関係を築き上げていくには技量も時間も必要で、必ずしも誰もができることではありません。ですから、保育者はむしろ、保護者と保護者が知り合って協力し合っていい関係が作れるように、保護者と保護者をつなぐ役割を果たしましょう。

　具体的には、次のような実践が考えられます。

・お互いを知らない保護者がいるようだったら、ちょっと紹介したり、あいさつし合うきっかけを作ったり、共通の話題をふったり、あなたの場合はどうしているかと質問をするなどして、お互いをつなげましょう。同じ場所に居ながら、一言も言葉を交わさないで帰ることがないようにしましょう。

・廊下に親子の写真や家族写真を掲示したり、他の親子のエピソードを伝えたりして、お互いが関心をもつ「きっかけ」を作りましょう。最初の来所時に写真を撮らせていただいて、保護者の顔と名前と子どもが一致するような工夫はどうでしょうか。許可を得てその写真を掲示しておけば、保護者や子どもたち、他の保育者たちも、お互いの顔と名前を早く一致させることができます。

・リラックスする雰囲気を心がけます。自己紹介のゲームやちょっとしたワークなどを取り入れて、知り合えるようにするのもいいですね。

これからの子育て支援――保育所保育指針のトリセツ　61

COLUMN

保護者同士のつなぎ方

　お互いに緊張してしまう出会いの場面では、「緊張の氷を溶かす」簡単なアクティビティを取り入れて、空気を和やかにします。

　例えば「自分を花にたとえて自己紹介してください」「赤ちゃんの頃の楽しかった思い出話をしてください」などのテーマを出して、一人1分間程度の短い時間で自己紹介をしてもらうと、場が和みやすいようです。「シャベリカ」（教育同人社）などのトーキングカードを活用するのも手です。

　自己紹介はだんだん長くなり、最後は飽きてしまうのが普通です。ですから、皆にわかるように時間を計るとよいでしょう。最初の人の時間をしっかり区切ることで、二人目からも短く自己紹介してもらいやすくなります。または、自分が1分間を計りながら自己紹介して「この長さでお願いします」というのも良い方法です。

・保護者を順番にあてて、子どものいいところを紹介してもらうよりも、数人ずつのグループを作り、保護者同士が気軽に話せるテーマや共通の困りごとを選んで、そのテーマについてそれぞれの工夫を聞き合う会にしましょう。グループ分けの工夫やテーマによって、さまざまな人間関係が拡がっていくでしょう。

・イベントは、保護者がつながる良い機会です。保護者同士がつながることができるような工夫を取り入れましょう。特に、保育所全体の行事のときには、クラスや学年、保育所内外の枠を超えたつながりができるように、交流の機会・時間を保育所側で作るようにしましょう。

- 情報、特にすてきな情報は、伝言ゲームで伝わるように「皆さんに伝えてね」と言って流すとよいでしょう。良い情報を伝えてくれた人には好感をもつことができます。
- 保護者が情報を発信する場（掲示板やレターやSNSなど）を作るか、得意な保育者に作っていただきましょう。情報を保護者同士が共有できるように、保育者が代わりに発信するのではなく、保護者自身からの情報発信をお願いするのです。
- 保護者に無理のない範囲で、ごく簡単な役割をふって、みんなに連絡をつける際に出会いが生じる機会を作るのも一つの手です。

これからの子育て支援——保育所保育指針のトリセツ

⑦ 保護者が子どもの成長に気づくように努める

　子どもをただただかわいいと思える保護者は幸せですが、中には、子どもの成長が数字のようなはっきりした形で見えてこないと不安や不満を募らせる保護者もいることでしょう。赤ちゃんの日々の発達は驚くほどですが、それでも他の赤ちゃんと比較したり、少しでも早く育つように追い立てたりする保護者もいます。保護者が子どもの静かな成長に気づけるように、専門職の目で見えることを言葉にして伝えることが、保護者の安心のために役立ちます。

　保育者はいろいろな子どもを見ているからこそ、そのやりとりの中で、子どもがさまざまなことを学んで成長していることがわかりますが、自分の子どもだけを毎日見ていると、成長の状況を正確に把握することが難しくなります。安心感を与える具体的な事例を伝えたり、子どもの発達に関する具体的な情報をお便りに書いたり、子どもを撮影したビデオで解説するなど、日頃忙しくしている保護者が自分の子どもや周囲の子どもたちの成長・発達に気づくヒントを提供しましょう。

　例えば子どもが遊んでいるとき、保護者は子どもがまるで科学者のようにいろいろなことを試して物質の性質を調べているということを知りません。水に手をかざしてびしょびしょになりながら、水の性質を理解しようとしていることには気がつかないでしょう。

　大人の言葉をまねて、アーアーアーウーウーウーと喃語を発している赤ちゃんが、言葉の基礎を学んでいるということも、昨日より今日のほうが喃語が増えていることも、発声が明確になってきていることにも気

64

づいていないかもしれません。

　このように、保育者にとって当たり前のことも、保護者は知らないかもしれません。子どもの成長・発達を発見して、一緒に喜び合えるように、さりげなく一緒に子どもを観察する時間をもって、観察の視点を与えられるといいですね。

　また、保護者の中には、自分の子どもが順調に発達していないのではないかと気にかけている方も多くいます。母子手帳の平均値と比較して不安になったり、健診で様子を見るように言われて心配している方もいるでしょう。多くの場合は個人差の範囲なので、生まれてくるときの身長や体重のように、発達には個人差があることを納得できるように説明しましょう。その際、いろいろな子どもたちの発達のエピソードを伝えるとよいでしょう。乳児の時点では測定値が下がることがあり、ゆるやかであっても増加があれば通常は心配ないことを確認しましょう。

　医学的な観点から注意を要する場合は、しっかりと時間をとって、これから起こることの予測も含めて相談することが必要です。単に様子を見ましょうではなく、いつ頃までどういうふうに様子を見て、どういうことになったらどう対応するということまで話し合うことが理想です。そのためにも、保健所や医療機関との日頃の連携が大切です。

　子どもの成長への保護者のあせりに対して、お役立ち情報の体裁をしている早期教育や商業広告、誤った口コミの情報が流れてくることがあります。それらは、心理的・経済的・身体的負担を増やす情報や、比較や競争を生む情報、子どもの後々の発達を阻害する情報であることがあ

るので、保護者間で流行することがないように、専門家として注意し、毅然と対応できるようにして、親子を有害情報から守りましょう。

⑧保護者が子育ての喜びを感じられるように努める

　今の日本では、子育ては楽しいと思うことがあるとしても、実際はもう大変でやめたいと思っている保護者も少なくないようです。とりわけ、一人で子育てをしていると、その思いが強くなるようです。

　日中、保育所に預けていることで、子どもの様子が見えないままになっている保護者もいるかもしれません。離乳食一つとっても「こうしなければならない」という思いに縛られて、一緒に食べることを楽しむ余裕がなくなっている保護者も多いようです。保育所で、地域で、みんなに囲まれて親子が育つよう、社会が配慮していかなければならない時代になりました。

　「子育ては楽しいでしょう」「子どもはかわいいでしょう」と押しつけるのではなく、保護者の気持ちを受け止め、共感し、その上で、保護者が行き詰まっているところを聞いたり、不安に思っていることを教えてもらうなど、保育所でできることを考えましょう。

　あるお母さんは、自身が虐待を受けて育ち、自分の子どもを見ると無性に腹が立ち、自分もネグレクトをしていました。しかし、子どもが嫌いなわけでも鬼のような心をした人でもなく、他の子どもたちに対してとてもやさしくできるのです。

　そこで、そのお母さんに他の子どもたちの面倒をみてもらい、自身の

子どもは保育者がみるようにしたところ、保育者と自分の子どもの交流の様子や子どもの成長する様子を見て、自分の子どもとも良い距離で接することができるようになりました。

（2）子育て支援に関して留意すべき事項

⑨地域の関係機関との連携と協働を図る

　地域の関係機関にはどんなところがあるでしょうか。地域によっては、子育てマップや子育て情報誌があるので、そういうものを参考にしながら確認してみましょう（図表2−1）。それぞれの機関に知り合いがいて、気楽に連絡がとれる間柄かどうか、確認してみましょう。そういう知り合いがいないとしたら、見学に行ったり、あいさつに行ったりするなどして、保育所の誰かがつながっているようにするといいですね。

　また、地域のさまざまな協議会やイベントなどに出かけると、いろいろな団体から人が集まっているので、そういう機会に知り合いになることも大切です。会議だけで連携、協働といっても、実際の現場でつながっていなければ、いざというときに親子の役に立つ動きをするのは難しいでしょう。親子のために働くプロの支援者として、つながることが必要な人にはしっかりと声をかける勇気をもちましょう。

●図表2−1　地域の子ども環境マップ・チェックリスト

チェックする機関や機能	場所(連絡先)がわかるか？	実際に行った・会ったことがあるか？	【連携可能性】信頼できる個人的知り合いがいるか？	備考
近隣の子育てひろば				
保育所				
幼稚園				
小学校				
公園（年齢層、時間帯、安全、自然、バリアフリー、使い勝手）				
薬局（おむつ、ミルクなど）				
商店街・スーパーなどの買い物のしやすさ、特徴など				
道路の安全性と利便性				
保健所（保健師・助産師）				
交番（警察）				
役所（子ども担当課）				
小児科（心理・発達相談含む）				
小児歯科				
法テラス				
消防署（救急車）				
児童相談所				
福祉事務所				
社会福祉協議会				
民生・児童委員				
自治会				
商工会				
青少年協議会など				
地域の親の様子				

◆調べてみましょう
　　地域の統計：出生率、出生数、虐待の発生件数　など
　　親子の生活：親の年齢、親の読んでいる育児雑誌、親の生活時間、年収、家庭状況、家の
　　　　　　　　広さ、家族構成、親の職業　など
　　地域の施策：子どもプラン、虐待対応、発達障害対応　など

⑩ 保育所全体の体制構築に努める

　保育所の中に、子育て支援ができるだけの人員や体制は整っていますか。

　場所だけ確保されていて、実際はほとんど利用者がいない支援センターも見たことがあります。保育所の中で、子育て支援は業務としてきちんと位置づいていますか。外部に対して広報が適切になされているでしょうか。

　親子が来たときに、一組だけで寂しい思いをして帰ったなどということがないように、「この親子が何を求めて来たのか、その親子にどう応えることができるのか」をしっかり考えて対応する必要があります。一回来た親子が二回目は来なかったとしたら、何か工夫が足りなかったことを意味しているのかもしれません。

　また担当者は、保育について学んでいても、子育て支援について学んでいない場合があります。子育て支援は保育とは別の専門性が必要な分野ですから、研修の時間を十分に確保して、担当できる人材を配置するようにしましょう。そして、保育と子育て支援が両輪になって、地域の子育てを支えるというイメージを皆で共有するようにしましょう。

⑪ 保護者や子どものプライバシーを保護し、秘密を保持する

　プライバシーの保護や秘密の保持は、口で言うのは簡単ですが、実はなかなか難しいことです。例えば、保育者同士でカフェで愚痴を言い合っているときに、「○○くんのお母さんが…」と言ってしまったり、電車で「○○ちゃんが…」と同僚に報告してしまったり、ケース会議で知っ

これからの子育て支援──保育所保育指針のトリセツ　69

た家族の情報を他の家族につい話してしまったりすることはないでしょうか。同僚と一緒にいるとき、誰かがプライバシーにかかわることを軽口で話していることに気がついたら、いいのかなと思いながらそのまま聞くのではなく、お互いに注意し合わなければなりません。また、家庭に帰ってから気をゆるめて、家族に話してしまうことがないように、厳しく自己管理してください。

　ただし、誰かから虐待やDV（ドメスティック・バイオレンス）が語られたときなど、子どもの最善の利益のために専門家に情報提供することが必要な場合は、その限りではありません。速やかに対応する必要があるので、ルールに従って対応してください。また、専門家同士の連携のために情報共有が必要な場合は、外部に情報を出すことになりますので、書類の取り扱い（守秘を依頼し、終了後に回収・廃棄する）などにも十分気をつけた上で、必要十分な情報を選択して届けるようにしましょう。　　　　　　　　　E

② 保育所を利用している保護者に対する子育て支援

（1）保護者との相互理解

⑫日常の保育機会を活用する

　保育所では子どもの保育をするのが仕事であり、保護者の対応まではその業務範囲に入っていなかったと、ひと昔前の保育者は言うかもしれません。しかし今は、地域の子育て力が失われ、誰もが多忙な社会になり、共働きや単親世帯で少人数の子どもを育て上げなければならない中で、保護者は余裕をもって子育てに取り組むことができずにいます。そのような保護者を支えるために、保育所での子育てが強く求められ、保育所不足が生じています。

　保育者もまた多忙な毎日ですから、特別なことを新しくやってみるよりも、日々の保育の中で見えてくることを保護者に適切に伝え、保育の年中行事に参加した保護者と話し、ともに子どもを育てるという意識を両者がもち、子どもが良い大人に囲まれて育つことができるようにしましょう。良い保育こそが子育て支援です。

⑬子どもの日々の様子の伝達・収集に努める

　保育のプロに自分の子どもを育ててもらえるのですから、保育所を利用できる保護者は幸運です。一方で、大人は子どもを育てることによって成長する面があるので、保育所に子どもを預けることによって、保護

者はせっかくの成長の機会を失ってしまうという一面もあります。

　子どもの姿から学び合うためにも、子どものケアの連続性を保つ意味でも、送迎時の会話や連絡ノートの記載内容が大切になります。家で見ている子どもは甘えん坊なのに、保育所ではしっかりしているなど、場面による子どもの姿の違いなどから双方が学べることも多いでしょう。学んだ保護者の行動が変われば、子どもの育ちも変わります。これまで当たり前にやってきた情報交換が、子育ての支援になっているのです。

⑭ 保育所保育の意図の説明をする

　保育所で子どもを育てるということは、家族ではない多くの大人や子どもたちと生活をともにすることを意味します。そこでは、家庭よりも多くのコミュニケーションを体験し、思いどおりに事が運ばないフラストレーションも体験し、保育所を利用しない子どもたちよりも早く社会生活を体験することになるでしょう。北欧では、保育所で育てることによって子どもたちの社会性が発達するため、幼児は一定時間を保育所で過ごすことがよいと考えられています。それぞれの保育所の保育の方針を説明しながら、単に子どもを預かっているだけではなく、親に代わって子どもを育てることを専門職が行っていると理解してもらう必要がありますし、言葉に違わぬ質の高い保育を実践しなければなりません。

　保育所は、保育に欠ける可哀想な子どもたちが詰め込まれている場ではなく、むしろ家庭よりも良い育ちが保障される場、家族にも勝る愛情をもって育てられる幸福な子どもたちの生活の場であってほしいと願い

ます。

　子どもを心身ともに健やかに育てるために、例えば保育所では、次のような工夫はいかがでしょうか。

・目の輝きを確認する

　朝来所したときに、目がキラキラしていない子どもがいないかどうかを、複数の保育者がチェックしている保育所がありました。目がキラキラしていない子どもがいたら、その子どもが午後には元気になるように、みんなで声をかけ合って、力を合わせるようにしたそうです。

・戸外で自由に遊ぶ時間を多くする

　家庭で毎日外遊びをさせるのは大変ですが、多くの保育所には園庭があります。五感を育てる上でも、身体を育てる上でも、さまざまな体験をするためにも、たくさんの子どもたちと一緒に安全に外遊びができることは、乳幼児期に大事なことです。

　また、午前中からしっかりと身体を動かして遊ぶことでお腹を空かせ、しっかり眠ることで、生活リズムが整えられます。

　家庭ではなかなかさせてあげられない体験も、保育所では複数の大人がいて、さまざまな施設や用具、遊具が用意されており、可能になります。何でもとことん納得がいくまで見守ってやらせてもらえる保育所もあります。満足すれば、そこから次のステップに進めるのです。

　家庭での生活はどうしても大人中心になりがちですが、保育所は子どもの居場所です。その良さを保護者に伝えていきましょう。

これからの子育て支援——保育所保育指針のトリセツ　73

⑮保護者との相互理解を図る

　まず、保護者の生活や気持ちを理解する力をつけましょう。そのためにも、保護者はなぜ保育所を利用しているのか考えてみましょう。その理由を5つ挙げてみてください。

- ・
- ・
- ・
- ・
- ・

　例えば、保育所を利用している理由が「子どもと2人で過ごす時間がつらいので働きたいと思った」という場合もあるでしょう。そうだとしたら、その保護者は、子どもに対する「申し訳なさ」「後ろめたさ」「助かった」という気持ちや、子育てに対する苦手意識や敗北感をもっているかもしれません。そういう一人ひとりの保護者の気持ちに対して、良い悪いという評価をつけるのではなく、そういう親子に自分たちはどういう対応ができるか、子どもをどう一緒に育てていくことができるかを考えるのが子育て支援です。

　保護者の生活や気持ちを理解することで、対応も変わります。そこで次に、保護者に向かう自分の価値観に気づくことを考えます。

　「どんな保護者がいい保護者でしょうか」

そういう保護者は、あなたの出会う保護者の中にどのくらいいますか？　さまざまな家庭の事情によってやってくる親子に、どれほど共感することができるでしょうか。保育所は集団生活の場ですから、それぞれの家庭の事情に合わせることができないことも多くあります。お互いの事情を説明し合い、納得しにくいところも折り合いをつけられるよう、できる限り対話の時間を確保して、お便りなども駆使して意思の疎通に努めましょう。ちなみに対話というのは単なる雑談ではなく、考え方の異なる人たちがお互いを尊重しながら話し合うことです。コミュニケーションがうまいというのは、仲のいい人、意見の合う人と楽しく話せるということではなく、自分の気に入らない人、意見の理解できないような人とも折り合いをつけてやり取りができるということなのです。

⑯ 保護者の積極的な参加を促す

　預けっぱなしで独身のような働き方や生活をしたいと思う保護者もいるかもしれませんが、保育活動にかかわることが楽しいとわかれば、参加するようになるでしょう。義務ではなく、やりたくなるボランティアの活動を工夫して、保護者同士の関係性を作る機会にしましょう。子どもは保護者が保育所に来て何かしている姿を見ることを喜び、誇らしく思うでしょう。

　保育所によっては、保育所にとって

都合の悪い要望を出してくるという理由で、保護者同士がつながること
を歓迎しないこともあります。いろいろな要望をもつ保育所と保護者が、
相互理解を求めて一つひとつ話し合いで解決するのは大変ですが、軋轢
なく対話もないところでは、環境の改善も図れません。一緒に作ってい
く保育をめざしましょう。

（2）保護者の状況に配慮した個別の支援

⑰保護者の就労と子育ての両立等を支援する

　保護者の就労状況はさまざまです。ワーク・ライフ・バランスがとれ
ている国であれば、就労と子育てが両立しますが、日本のように働きす
ぎで時間のない国では、どこかにひずみが生じてしまいます。その中で、
日本を支える子どもたちをしっかりと育てていくことを期待されている
場が保育所です。

　子どもの姿が目に入らないほど働いている保護者に、子どもたちの言
葉を届け、子どもたちの姿に気づかせ、保護者としての役割を果たせる
ようにフォローするのが保育者です。まずは子どもが健康であること、
憂いなく育っていくことを保障しましょう。それがひいては両立の支援
となります。

⑱保護者の多様な保育の需要に応じる

　現在は、単に預かってもらえばいいというだけでなく、さまざまな家

庭が多様な思考や要望をもって保育所に期待しています。サービス業として付加価値をつけている私立保育所も現れてきました。預かりの時間帯、アレルギーへの対応など、預かる以上は現実的な対応が必要という事例も増えています。

　常識外れの要求はともかく、それぞれの家庭の事情から多様な要求が出ることも珍しくありません。対応は大変ですが、それらの要求に柔軟に対応することが求められています。

　一方で、子どもの脳と体と心の発達過程を理解している専門職として、乳幼児期に本当に必要な環境はどのようなものかというポリシーをもっていないと、英語教育やひらがな学習などと、保育の中に習いごとを組み込む動きも出かねません。一見、放任に見えるけれども、しっかりと子どもたちが発達する保育を追究し、それを保護者に理解してもらう力をつける努力を忘れてはならないと思います。

⑲（病児保育事業など多様な事業を実施する場合には）保護者の状況に配慮するとともに、子どもの福祉が尊重されるよう努める

　保護者の状況はさまざまです。深夜勤務、長時間労働、外国人家庭、パートタイム就労、シングルペアレント、核家族、在宅勤務、貧困家庭など、それぞれの状況を理解し、それらに配慮して、保護者の都合優先ではなく、子どもの福祉を尊重しながら対応していかなくてはなりません。

　例えば日本では、病児保育が充実してきていますが、カナダには基本的に病児保育はありません。子どもの福祉を優先すると、子どもが一番

親にいてほしいのは身体のつらいときなので、病児がいるときは保護者は仕事を休めるようになっています。板挟みになる保護者の心労も考慮しつつ、安易に病児保育に頼ることなく、子どもに必要なときには仕事を休める社会の実現、子どもの幸せに生きる権利を皆で考えていかなければならないでしょう。

また、貧困家庭の場合は、ソーシャルワークの知識が必要かもしれません。まず子どもの様子から、子どもがきちんと育てられる状態であるかどうかを確認します。衣類が清潔か、入浴しているか、食事を摂っていて栄養状態は十分か、子どもの生活時間は守られているかなどです。経済的な問題がある場合、地域の民生委員に支援を頼んだり、生活保護の手続きなど公の支援の情報提供も必要かもしれません。

こうした福祉分野の支援については福祉の専門家に聞けるよう、ソーシャルワーカーとつながっていることが必要です。

⑳子どもの生活の連続性を考慮する

送り迎えの短時間の接触や、支援センターの利用時間の範囲内では、子どもが家庭でどのように過ごしているかまではわからないことも多いでしょう。子どもが家庭でどんな生活をしているか、その生活と保育とがどの程度同じでどの程度異なるかを、各種調査なども参考にして確認しておきましょう。

朝から甘いものを大量に摂取している、テレビが一日中ついている、スマートフォンをいつも見せているなど、想像のつかない生活をさせて

いる場合もあるかもしれません。生活の状況を少しずつ聞き取り、子どもの置かれている環境を理解して、保育所での生活とつなげていきましょう。

　子どもにとってはさまざまな社会場面で行動を変えるのは難しいことです。その負担を減らすためにも、子どもの生活の連続性が保たれるように、保護者とバトンの受け渡しをしっかりすることが必要です。

㉑障害や発達上の課題には、市町村や関係機関と連携および協力を図る

　人は多かれ少なかれ、脳や身体に強い部分や弱い部分をもって生まれてくると思われます。もって生まれた弱い部分が生活の中で修正されずに固定化して、障害となっている例が増えてきました。赤ちゃんの五感が刺激されながら自然に育つ環境も少なくなり、発達が阻害されることも多いのが現代の生活です。

　保育所でよりよく育つ環境が用意できることが望ましいですが、さまざまな課題を抱えた親子には、公的な助力や支援の活用も必要でしょう。地域の最新の情報を得ながら、行政の仕組みを活用し、関係機関と連携をとって、子どもの発達を保障していきましょう。

㉒障害や発達上の課題に対して、保護者への個別の支援を行う

　子どもの発達には必ず何らかの凸凹があるものです。生活の中で特別な支援が必要になる場合も生じるでしょう。特別支援というのは、特別

な子どもの支援ではなく、すべての子どもが持ちうる特別な支援が必要なタイミングにおける、個別の支援をいいます。同様に、保護者への支援も、課題を抱えているときに必要な支援を必要に応じて提供することになります。また、その支援が保育者から保護者に向けたものばかりでなく、保護者同士で支え合うことができる関係性を作ることでもあります。

　保育者側の一方的な気持ちで一所懸命に支援を行う前に、一呼吸おいて、その保護者と子どもが本当に生涯必要とするものが何かを考え、どのようにして誰が提供することが親子の将来にとってよいかを考え、支援を選択することが大切です。

㉓外国籍家庭など、特別な配慮を必要とする家庭に対する個別の支援を行う

　まずは想像してみましょう。皆さんが海外に行って、言葉も見た目も周囲と違う状況の中で子育てをするとしたら、どんな支援を希望しますか。

　まず、外国籍家庭への支援が地域でどのようになっているか、公共機関に確認しましょう。得られるサービスはできる限り活用し、当該家族に紹介しましょう。もし同じ地域の出身者や母国語を話す人がいて、支援が得られるのであれば、つなげましょう。ボランティア団体などがあれば、支援を求めてみましょう。

　そのような家庭でも、他の保護者と同じように、子どもに必要な書類を出したり、物を持たせたりしなければなりません。しかし、保育所からのお便りが読めない可能性があります。毎回誰かの助けを得るのが難し

い場合、webの翻訳機能などで支援することはできないでしょうか。また、大切なことは別に書いて渡したり強調して伝えるなど、わかっているかどうかを丁寧に確認しましょう。

　異文化に対する抵抗感や無理解は、保育者の中にも保護者の中にも子どもたちにもあるかもしれません。異文化理解や多様性への配慮が必要であることを皆が理解することが必要です。「違い」があることで声をかけづらくなることがあるので、保育者が常に率先して声をかけ、意識的に他の保護者や子どもたちとつなぐことが必要です。

　可能であれば、早い時点で文化の紹介、料理会など、お互いが知り合う交流の機会を企画したり、行事に誘って人とつながるきっかけとなる楽しい役割を担ってもらうとよいでしょう。

　世界中のどの子どもの親も、人として変わりはありません。まずは自分が自然と関心をもつことから始めて、簡単なあいさつからコミュニケーションを交わし、保護者とつながり、安心して一緒に子育てにあたれる条件を整えていきましょう。

（3）不適切な養育等が疑われる家庭への支援

㉔育児不安等への、保護者の希望に応じた個別の支援を行う

　育児に疲れている保護者にはまず、声かけと休む時間が必要です。今は、子育てをめぐる家族関係に疲れている保護者も珍しくありません。子育て不安や孤立の現状は、子育て層の3分の1から半数を占めている

といわれるほどです。子どもの養育に気がまわらずネグレクト状態になっていたり、子どもに対して心理的、身体的虐待をしているかもしれません。入所時から信頼関係が築けていれば、そうした親子の変化に気がつきやすく、子どもの持ち物や言動、保護者の様子などから気づくこともあるでしょう。

まずは保育所職員の中で情報を共有し、協働して親子の支援に取り組みましょう。あるいは、送迎や面談などの機会を利用して、他の保護者が周囲にいない安心な場でねぎらいの言葉をかけ、支援の必要性について確認することも必要となるでしょう。

中には、自分の子どもへのしつけとして体罰を肯定し、言い聞かせるために暴力をふるうことに抵抗のない保護者がいるかもしれません。その場合、保護者は確信をもって信念でしつけをしているため、説教や説得では行動変化は望めません。子どもが耐えられる以上のしつけは虐待行為なので、次に挙げる対応が必要となります。

㉕市町村、関係機関と連携し、要保護児童対策地域協議会で検討する

かつて、保育者が自分で大変な親子の面倒をみようと考え、保育所で囲い込んで、悲惨な結果を招いた事件がありました。保育者の役割は保育所全体の親子のケアですから、個別の大変な事例に特にかかわることには無理があります。抱え込みをせずに、市町村や関係機関、専門家と連携して、対応策を協議しましょう。

いざというときに相談し、信頼できるソーシャルワーカーやカウンセラーとつながっていることが大切です。また、誰かが気づいていても、他の保育者が気づいていないこともあるでしょう。こういうときに、保育者同士の信頼関係が問われます。相談される保育者でありたいものです。

　具体的な対応ですが、現在は要保護児童対策地域協議会（図表2-2）が各市区町村に置かれ、虐待発生の予防などの機能を果たしています。ですから、各地域の協議会の動きを知り、相談しながら対応を進めていくことが大切です。

●図表2-2　要保護児童対策地域協議会のイメージ

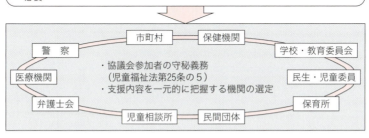

出典：厚生労働省

㉖虐待が疑われる場合には、市町村又は児童相談所に通告し、
対応を図る

　児童福祉法によれば、虐待が疑われる場合には、市町村あるいは児童
相談所に通告し、対応しなければなりません。保護者への説教や説得を
しているうちに、子どもに大変な傷を与えることも考えられるため、速
やかに通告して、専門家と連携を図って対応していきましょう。　　Ｅ

3 　地域の保護者等に対する子育て支援

（1）地域に開かれた子育て支援

㉗地域の保護者等に対して、保育所保育の専門性を活かした子育て支援を積極的に行う

　地域によって、子どもの数も保育所の体制も保育所の利用に対するニーズも異なっています。その地域で何が課題であるかを踏まえ、また、保育所の体制に合わせた子育て支援を工夫していきましょう。

　保育所における子育て支援の形には、地域の親子のイベントへの招待、子育て相談の受付、一時預かりといった一時的な支援から、地域子育て支援拠点となる子育てひろばの開設までいろいろな形が考えられます。

　ここでは、地域子育て支援拠点事業の実施の際の工夫※を紹介します。この事業は、親子が生活をしている地域の中で生き生きと暮らしていけるようにするものです。赤ちゃん親子が交流できる空間と環境を整えて提供し、子育てしやすい援助をします。そのために、さまざまな背景をもった一組一組の親子をまるごと受け止め、必要な情報や助言を自然な形で提供し、支え合える人と人とのつながりを作っていくことが必要です。

これからの子育て支援──保育所保育指針のトリセツ　85

安心な場

　自分にとって安心な場はどんな場所ですか。実家や自室のような家庭的な居場所ではないでしょうか。子育て支援の場はそんな場になっていますか。まずは、初めて来る人の気持ちになって、実際に中に入るところからシミュレーションしてみましょう。にこやかな受け入れ、過ごし方の説明、参加者同士のつなぎ方から、初めて来た人でも居心地のいい状態で過ごせる配慮、荷物置き場や掲示の工夫などを確認しておきたいものです。

　次に、赤ちゃんになったつもりで、五感（視覚・嗅覚・触覚・聴覚・味覚）を働かせてその場でしばらく過ごしてみましょう。寝転んだり、はいはいしたりして部屋中を見渡してみるといいでしょう。

　また、機会を作って他の子育て支援の場を見学してみましょう。「いいな」と思う場で一日過ごしたり、実習をさせてもらったりするといいですね。対人サポートの仕方、備品の選び方や配置などの工夫など、お互いにとって役立つことがきっとあるでしょう。

情報交換の場

　地域の親子に子育て情報を伝えるのは自分たちの役目であると思ってアンテナを立てて生活しましょう。小児科や耳鼻科のような医療機関、公園や子育てサークルの情報、育児用品が安い店など、転居してきたばかりの保護者には大切な情報です。また、地域の行政のホームページやニュースレター、新聞はチェックしておきましょう。もし、聞かれたことがわからなくても「調べておきます」と伝えたり、その場で一緒に調

べたりすることで、聞いた人との関係性は保たれ、自分も情報を得る機会になります。保護者同士が情報交換しやすいように、耳寄り情報交換コーナーのような場所を作ったり、そういう話ができるちょっとした空間を作ったりしておくといいですね。

また、子育ては発達の流れが見えていないと行き詰りやすいものです。実家が近くにない、親や親戚から体験談を聞けない保護者も少なくありません。心身の発達や子育ての方法に関するわかりやすい情報も提供しましょう。先輩保護者との座談会や交流の機会、地域の子育て経験のある高齢者との出会いの場も作れるといいですね。保育つきの講座や、子育て中でも参加できるさまざまな事業の情報の紹介もしていきましょう。保育所のイベントには是非参加を呼びかけましょう。

コミュニケーションしやすい場

来所の際には、きちんと目を合わせて会話しながらお名前を確認しましょう。参加者一人ひとりの「来所、参加の様子、帰宅時間」が把握できます。保育者と保護者のつながり、保護者と保護者とのつながりの両方を意識して、徐々に保護者同士がつながることができるように働きかけていきましょう。そのためには、例えば季節に合わせた子育ての話題を出したり、共通の話題を振ったりして、それぞれが体験談や誰かから聞いたことが話せる場、聞ける場を作りましょう。

情報へのアクセスの方法を伝える工夫もできるといいですね。困りごとがあったときに、周囲の助けを得ながら、自分でも調べながら、自分で解決していけるように保護者を育てていきましょう。そうすればその

これからの子育て支援——保育所保育指針のトリセツ　87

保護者が、次の経験の浅い保護者を育ててくれるようになるでしょう。

　さて、子どもの月齢での集まりはよく企画されますが、それ以外に、保護者の年齢層での集まりも参加者をほっとさせることがあるようです。今は母親の出産年齢がどんどん高齢化して、30年前は出産のピークが20代後半だったのですが今は30代前半になり、40代の出産も珍しくありません。年齢を気にせずに体験や体調について話せる場があるということが、若年層の保護者にも高齢出産の保護者にもほっとできる場になるようです。

親子が育つ場

　さまざまな人が一か所に集まればいろいろなことが起きます。子育て支援の場では皆がゆるやかに育ち合うことができるといいですね。もしトラブルが起きたら、それをすぐに止めるのではなくて、皆で試行錯誤しながら関係性を作る経験を深めていきましょう。そのために、

①トラブルの前後の状況を把握し、起きそうなトラブルを事前に予測します。

②場合によっては予防し、必要なときは見守りましょう。

③スタッフや場のあり方も含めてトラブルの原因を考えましょう。

④当事者たちが折り合いをつけながら過ごす力がつくようにエンパワーしましょう。

⑤見守る周囲の人たちも育てる意識をもちましょう。

⑥トラブルは人が育つチャンスに変えましょう。

みんなが遠慮しないでいい場

　迷惑をかけてはいけない、いい子どもを育てなければならないと思いこんでいる保護者は多いようです。できるだけ失敗がないようにと気を使っている保護者が、失敗してもいい、遠慮しなくてもいいと思えるようにするにはどうしたらいいでしょうか。

　「汚す」「壊す」「面倒をかける」は、子どもを育てていれば当然のことです。子どものいる場所は汚くしても壊しても「大丈夫」と言えるような工夫をしておきましょう。子どもを叱らないで済むような場作りも子育てのモデルの場として大切なことです。とっさのときのためにいつも同じ場所にティッシュやウェットシート、雑巾やバケツなどをさりげなく用意しておくことは優しい心遣いです。また、失敗をフォローする気働きができるように、まず自分の側で、「汚す」「壊す」「面倒をかける」ことに対する意識のハードルがないかどうか確認しましょう。

遊びの意味を伝える場

　保護者の中には、赤ちゃんの何気ない動作やなんとなくの遊びが、実は脳を働かせている状態であり、身体の動作やことばを身につけるための大切な準備段階であるということに気がついていない人も多いようです。赤ちゃんが今やっていることについて、さりげなく解説をしましょう。「ブーブー言ってことばの練習をしていますね」とか、「にぎにぎしてものをつかむ力をつけているところですね」のように。さらに少し月齢、年齢が上がってくると、ときどき遊びが学びになっているということも具体的に説明しておくとよいでしょう。「砂場の砂で遊びながら形

がどう変化するか試しているようですね」「まるで科学者ですね」というような解説です。物の色を覚えさせることや英単語が使えるようになること以前に、赤ちゃんの脳がいつでも働いていて急速に発達していること、そのために大人の優しいかかわりや語りかけ、遊びの承認やきっかけの提示がとても大切な意味をもつことを自らが赤ちゃんと遊んでモデルになって示すといいでしょう。

イベント作りのポイント

　保育所が地域の人を迎えてイベントやプログラムを提供するという場合があります。もしイベントやプログラムを提供するとしたら、以下の項目が満たされる内容を考えてみましょう。イベントは、保護者を一回限りのお客さんにするのではなく、翌日からの日々の生活を豊かにするものにしたいものです。

①保護者同士が知り合い、交流し合い始める。

②子どもたち同士がきょうだいのように遊び始める。

③保護者からスタッフへの声かけが増える。

④保護者も一緒に活動してくれる。

⑤次の展開を保護者たちが考え始める。

※『ひろば』(株式会社メイト)「保育の計画：子育て支援」2015年度、2016年度 (武田信子・迫きよみ著) に毎月1～2ページ連載した記事の内容の一部をもとにしています。

㉘一時預かり事業などでは、柔軟に活動を展開できるように
する

　初めて預けられる子どもや、家庭や保護者から離れたことのない子ど
もが来ることのある一時預かりには、保護者も不安を抱えていることが
あるため、預かる側に応用力が必要となります。

　子どもが穏やかな時間を過ごせるように、預かる場所が落ち着いた空
間であるようにしておくことが必要です。ここならひと安心と思える居
心地のいい空間を作るのは、保育者の専門性ですね。自分で選んで
ちょっと座れる居場所を何か所か作って迎え入れましょう。

　預かる時点において、親子はさまざまな問題を抱えた状況にありま
す。まずは状況確認をしてから、臨機応変、杓子定規にならないけれど
引き受けられる限度を超えない対応のバランスを見つけましょう。

（2）地域の関係機関等との連携

㉙市町村、地域の関係機関との連携および共同を図る

　保護者の子育ての悩みを聞いたら、自分たちだけで抱え込むのではな
く、積極的に情報収集を行いながら関係機関とつながることが大切です。

　連携や協働というのは、同じ部屋に座って仲良くお茶を飲んで意見を
言わずに帰るのでも相手を非難して意見を闘わせて決裂するのでもな
く、一緒に活動して互いに意見を言い合い、合意点を見つけ出す関係性
をもつことです。

これからの子育て支援──保育所保育指針のトリセツ　　91

地域施策の中で、子育て支援はどの程度重きを置かれているでしょうか。首長の重点項目であれば、適切な申し入れをすれば理想に近い構想も実現する可能性があります。たとえそうでないとしても、子育て環境の整備は人口確保に必要な条件ですから、関係機関では何らかの手立てが打てるのであれば工夫したいと思っているはずです。ただ、その方策がわからないと、たとえ支援計画を作っても人数合わせ、回数合わせのような達成数値目標だけ立てて、〇×で丸がつくような表を作って形式的に終了させることが生じがちです。ですから、きちんと支援内容の質を充実・向上させること、それを評価することを求めましょう。

　何かを申し入れるにあたっては、まず相手方の立場や役割、できることとやりにくいことを知り、自分も何かを引き受けられる関係性の中で一緒に改革を図る気持ちになることが第一です。

　そして、日頃から気づいている大切なことについては、行政の計画の中に対応するための施策を立ててもらいましょう。ポイントは、具体的にことばにして書き込んでもらうことです。その「ことば」を根拠に予算が立てられます。

　保育者は、一般企業の会社員に比べると順序立てて事を進めていく体験が少ないかもしれません。コミュニティでものごとを進めていく際には、現場を動かしている人たちのテキストである「実践コミュニティワーク」(学文社) を参考にするといいでしょう。コミュニティにおいては、「人が自分の周りの環境に影響を及ぼす能力と権力を有するという感覚をもっていること」が大切です。子育てしやすいコミュニティを作るた

めには、保育者も保護者もこの感覚をもつことがスタートなのです。

㉚ 地域の人材と連携を図る

　保育所が地域で何かをしようと思ったとき、あるいは保育所の中で何かをしようと思ったとき、地元には宝のような人材が隠れていることが多いものです。ピンポイントでこういう人材がほしいという場合は、思い切って「こういうことができる人を募集中です」と地域の広報に載せたり、保育所に貼り紙をするなど、何らかの発信をすることが必要です。発信しなければ応答しようがありません。

　一方で、人材というのは、何か特技をもつ人だけを指すのではありません。ある病院では、保護者が面会に来られない赤ちゃんを抱っこするために、週に何回か来院するボランティアのおじいさんがいました。退職後のボランティアとして、赤ちゃんの抱っこに生きがいを感じているのです。

　またある地域では、寝たきりのおばあさんの家にゴミ出しの手伝いに行く小学生がいました。この小学生は、人にやさしくすることで感謝されるという貴重な体験を、寝たきりのおばあさんからさせてもらっているのです。ここではボランティア関係の逆転現象が起きています。できない人ができる人を助けているのです。

　またある地域では、することなすことに文句を言ってくる地域住民がいました。追い返さずにていねいに話をうかがい続けたところ、徐々に一番の理解者になって、何かあったら駆けつけて周辺住民をまとめてく

これからの子育て支援──保育所保育指針のトリセツ　　93

れるようになりました。

　つまり、保育所にとって、親子にとって、誰がどのような「人材」であるかは必ずしも最初から見えるわけではありません。地域の人たちとの出会いの機会を設け、雑談をする時間をもち、お互いに信頼関係を作っていく中で初めて助け合えるような関係が作れるのです。

㉛地域の子どもをめぐる諸課題に対し、関係機関等と連携および協力して取り組む

　地域の子育て支援の計画を立てる協議会に出席しているのは誰かを知っていますか。保育関係者が必ず参加しているはずです。地域の役所のウェブサイトや広報を確認して、そのような会議で誰がどんな発言をしてどんな議論がなされているかについて関心をもちましょう。

　日々出会う親子を見ていて気づく課題に対して、地域の関係機関がどのように取り組んでいるか、将来的に取り組む予定であるか確認しましょう。現場で見えていることが行政に取り上げられているでしょうか。地域の親子のニーズが吸い上げられているでしょうか。

　もしそのような形跡がなかったり、方向性が違うと思ったら、親子の実際の様子や現場からの意見などを、関係機関や行政に伝えていきましょう。実はパブリックコメントの募集が出てからでは行政も対応できません。どうしても取り上げてもらいたい課題については、会議を傍聴したり議事録を読んだりして意見をまとめ、考えの近い委員や関係部署に届けることが必要です。

行政機関では、担当者の入れ替えが激しくて現場が見えていない場合があったり、新しい課題に取り組むことに抵抗を感じていたり消極的だったりする場合もあります。そういう場合に必要なのは、批判ではなくサポートです。担当者に育ってもらうつもりで、資料を提供して、業務を遂行しやすいようにフォローしましょう。

　そのためにも機会があるごとに積極的に行政窓口に顔を出し、顔見知りを増やしておきましょう。何かよいことがあったときには必ず連絡し、日頃の支援に対する感謝を表現し、保育所を見に来ていただくようにお願いしてみることです。これらの積み重ねが、何らかの情報提供をしてもらえたり、利用者親子に何かあったときに対応してもらえる基盤になります。

COLUMN

現代の保護者と保育者事情

　現代は、赤ちゃんに接したことのない人が保護者になる時代です。赤ちゃんのおんぶはもとより素手の抱っこもうまくできない、赤ちゃんとしっかり目を合わせることをしない、静かに眠らせることもできない、ハイハイがどのようなものか知らないという保護者はごく普通になってきました。スマホ育児や便利さをうたった商品が次々と開発され、大人の育てる力も育ちません。

　保育所に預けていると、それでも何とか発達していくものですが、今は、保育者といっても赤ちゃんと接したこともなく保育者になり、低い位置でおんぶやだっこをしても違和感をもつことがなかったり、視線を合わせることが不得意だったり、おむつ替えが機械的だったりする場合もあるようです。

　そういう時代だからこそ、赤ちゃんの標準的な発達を学び、赤ちゃんの育て方を改めて点検していただきたいと思います。『AKAGO』シリーズ（子育ての文化研究所）、日本の伝統的な子育てについてわかりやすく説明している『わらべうたで子育て』（阿部ヤヱ、福音館書店）や斎藤公子氏の書籍に一度触れることをぜひお勧めいたします。

第4章

保育者の知りたい保護者支援

過去に実施したワークショップの中で、保護者支援についてどのようなことが知りたいか、約60名の保育者に聞いてみました。そこで本章では、保育者が保護者支援について「知りたいこと」について考えていきます。

① 子どもへの対応に課題がある保護者の支援

　子どもへの対応について、多くの子どもの成長発達を見ている保育者と保護者では違いがあって当然です。不適切な対応をしていても気がつかず、成長に伴ってどんどん思うように育たなくなる子どもに四苦八苦している保護者も少なくないでしょう。多くの保護者は「子育てについて知らない」か「間違った情報を信じている」状態にあります。

　例えば、まったくスキーをやったことのない人がゲレンデに来たら、靴の履き方、スキー板のつけ方から教えなければなりません。初心者に対して「この人は問題だ」と言っていてはサポートになりませんね。「それくらいわかるでしょ」は禁物です。

　このように保育者は、専門性のある立場から保護者を育てていく必要があります。

　一方で、時には保育者がよかれと思い込んでいることが、必ずしもそうでない場合もあります。常に研修を続けなければならないのは、そういうことがあるからです。ベテランになればなるほど、注意してくれる人が少なくなるため、常にいろいろな人の意見を聞いて考えることを意識しなければなりません。

　それでは次に、さまざまな保護者支援を具体的に考えていきましょう。

（1）子どもに注意できない保護者

　子どもは大人社会のやりとりを見ながら社会のルールを覚えていきます。子どもの脳の中にはまだ、社会のルールが入っていません。そのため、私たちの社会の常識と違うことをしてしまうのです。そういうときは、叱ったり無理矢理言うことを聞かせたりするよりも、そのルールを年齢に応じてわかるように丁寧に説明して教えていくことが必要です。

　保育者自身がそのルールをしっかり守って、モデルとなる行動をとって見せるのは当然です。子どもにとって、保育者が「モデルにしたい大好きな大人」で「その大人が守っているルールを守ろう」「大人が悲しんだり困ったりすることはやめよう」と思える関係性があることが何よりも大切です。子どもたちが大人にとって当たり前のルールに少しずつ気がつき、スムーズな社会生活を送れるように大人が導いていく必要があるでしょう。

　それでは、子どもに適切に注意することができない保護者は、どうしてできないのでしょうか。

①まだ小さいからわからないだろうと思っている

②自分が同じことをしている

③ルールを守らない行為が、むしろのびのびしていて好ましいと思っている

④注意しても効果がないとあきらめている

　このいずれかである可能性が高いでしょう。思いあたる保護者がどれ

保育者の知りたい保護者支援　99

に該当するか確認し、適切なアプローチで向き合いましょう。

①であれば、小さい頃から同じルールで生活していないと、突然今までと異なるルールを示されても受け入れられないことを理解してもらう必要がありますね。でもその保護者は、さんざんいろいろなことをして、子どもが自分で気づくという育て方をしたいと思っているかもしれません。保育所としてここまでは見守れるというラインを明確にして、しっかりと話し合いましょう。

②の場合、その保護者にルールの必要性を納得してもらわなければなりません。でもその前に、そのルールが本当に必要かどうかの問い直しは必要です。集団生活では、管理的な発想が進みがちです。家庭では見逃すことができても、集団生活では守らなければならないルールがあります。一方で、保育の場で当たり前になっているルールが、本当は不要なルールの場合もあるのです。

③の場合、そういう育て方をした結果がどうなるかを伝えたほうがいいですが、この点は次の項も参考にしてください。

④であれば、かかわる大人が皆で協力して、本気で向き合わなければなりません。

そもそも、保育者のルールと保護者のルールが違っていたら、保育者が当然注意するだろうと思っている場面で、保護者は注意しません。どうしてそのルールが必要かを保護者が納得するように説明できるでしょうか。例えば、子どもが命にかかわるような危険なことをしていたら、きっとその保護者も注意するでしょう。

しかし、保護者にとって切実ではない場合、保育者が注意すべきと思っていても、保護者はそうは思っていない可能性もあります。

　どうしても必要なルールは入所の際に確認しておくことも大切ですね。そして、改めて考えてみましょう。そのルールは保育所の中で本当に必要なルールですか。もし必要だとしたら、それを保護者に理解してもらうことから始める必要があるでしょう。もし必要でないと保護者が思っているようならば、ルールの見直しをした上で、お互いが必要だと思うところでの合意形成が必要ですね。

（2）子どもの言うことを鵜呑みにし、言いなりになっている　　　保護者

　子どもは、自分の願望で話をすることがあります。ウソというよりも、そうなるといいなと思っていることが、頭の中で「本当にそうだ」と変換されて、みごとな作り話をするのです。

　また、甘えて言うことを聞かないこともあります。この大人は、この社会は、自分をどこまで受け入れてくれるのだろうかと試しているのです。

　そういう子どもたちに、大人は時にはつきあい、時には事実を伝えなければなりません。でもその加減がわからず、すべてに対して、つい「はいはい」と言いなりになっているとしたら、大人は果たして、子どもに本当に向き合っていると言えるでしょうか。

　さまざまな願望をもち、欲求や要求を出してくる子どもの言動に対し

保育者の知りたい保護者支援　　101

て、良い悪いではなく、子どもの性質として理解し、気持ちを受け止めましょう。その上で、自分の願いはかならずしもいつもかなうわけではなく、時には自分自身のために、時には他者との関係性の中で、待ったり、我慢したり、譲ったりすることが必要だということに気がつくようにしていかなくてはなりません。

　チョコレートがほしいという子どもに、チョコレートだけを食べさせていたら、身体に悪いということはわかると思います。スマートフォンをいじりたいという子どもに、制限なくいじらせていたら、子どもの発達は偏ったものになるでしょう。

　でも、チョコレートやスマートフォンを過度に与えることが、子どもの発達にとって本当に悪いと実感していたら、保護者は言いなりにならないのではないでしょうか。子どもの言いなりになっている保護者は、子どもの言いなりになることが子どもの発達に良くないことを知らないのかもしれません。好きなものだけを与え続けること、好きなことをさせ続けることが、バランスのいい発達を制限し、さまざまな場面に対応できる力を身につけられなくすることを知らせる必要がありそうです。

（3）子どものやりたい放題を止めない保護者

　子どもはできる限りのびのびと育てたいものです。泥んこになる経験をさせたり、思う存分走り回らせたり、という環境を作ってあげられるといいですね。モンゴルの子どもたちが草原を駆けめぐって育つように、

日本の子どもたちが車の走らない空き地を思いっきり走り回れたらいいのにと願う大人は多いでしょう。

　ただし、いつでもどこでも思いっきり走り回っていたら、生活は破たんします。例えば、危険のない小川で思いっきり水を飛ばして遊んでも誰にも迷惑はかかりませんが、台所で水を思いっきり飛ばしてしまったら、床が水浸しになって食事ができなくなるかもしれません。

　人は、場面によってできることとできないこと、していいことと悪いことがあることを、叱られたりしながら、子どもの頃からだんだんと覚えていきます。自由には責任が伴うということを、いつかは知らなければなりません。自分や社会の限界は、やりたい放題を体験した後で、いつか実感する日が来るでしょう。

　さて、保育者と保護者は、自分たちの保育所では子どもたちが何をどこまでしていいのか合意していますか。家庭と保育所、地域、それぞれの「場面」における違いを理解しているでしょうか。

　子どものやりたい放題をできる限りさせてあげられる保育所をめざせるといいですね。その上で、みんなが気持ちよく生活するために、どこから制限をかけなければならないのかを考え、その考えを保護者や子どもたちと共有しましょう。子どもたちはきっと、大人たちの想いを受け止めてくれるでしょう。

　一方で、発達上の課題を抱えて、行動を止めようとしても止められない子どもがいるかもしれません。また、赤ちゃんの頃からやりたい放題で育てられて、要求を止められる経験をしていない子どもがいるかもし

保育者の知りたい保護者支援　103

れません。彼らに急にやめさせようとしても、本人も困惑するでしょう。

　そんなときは、次の6つの段階のうち、子どもがどの段階にいるのか検討してみましょう（この6段階は、「ピノキオから少年へ」『子どもの深層』（村瀬嘉代子、有斐閣）を参考にまとめました）。

1. 気持ちが混沌としていて、その時々のやりたいことをする。後で何もわからない
2. 問題のある行動だと自分で気づくものの、すでにやってしまっている。後で隠そうとしたり、忘れようとする
3. 問題行動を起こしてしまうが、後でやったことを思い出して、それなりに何か考えようとする
4. 問題行動をしながら気づいて、自分で止めようと努力する
5. 問題行動を起こしかけて気づき、自分で何とか止める
6. 問題行動を起こす前に気づいて、止めることができる

問題となっている子どもはどの状態ですか。月齢によっても求められる段階は異なりますね。その子どもの発達を知り、状態を見極めて、子どもと保護者、保育者がどういう行動をとっていけばいいのか、どうやって止めればいいのかを考えていきましょう。

（4）子どもの甘えを受け入れられない保護者

　子どもが近寄っていくのに身体接触を拒んだり、甘えを拒否する保護者がいます。自身が人に甘えられずに生きてきたり、とにかく疲れきっ

ている、むしろ自分が誰かに甘えたい人などは、そういう態度を示すことがあるでしょう。また、何らかの理由で子どもが嫌いになったり、子育てが嫌になっていることがあるかもしれません。

そういう保護者は冷たい、愛情不足だと断罪する前に、愛すべき自分の子どもを邪険に扱うのはなぜだろう、それはつらいことではないだろうか、他人に見られていることもわかっているのに、なぜそうするのだろうと考えてみてください。そしてまず、保護者の気持ちに寄り添ってみましょう。

時には、保護者が抱えているものが大きくて、自分一人では対応が難しいかもしれません。保育所全体で話し合って、その保護者を支えていく体制を整えなければならないかもしれません。問題がある保護者は、問題を抱えている保護者です。その問題を皆で分かち合うことで、その子どもをどう守り育て、保護者を支えていけばよいのかを考えます。

具体的な対応としては、保護者が落ち着くまで、子どもが甘えられる第三者や場所を確保して、子どもの愛着の発達を促すこと、保護者が子どもの甘えを受け入れられるように、第三者が保護者の甘えを受け入れられる条件を整えることが必要です。これらが困難な場合は、普段連携している心理職や援助職に相談しながら対応することも考えましょう。

（5）子どもの現状よりもさらに先をやりたがる保護者

赤ちゃんの成長は驚くばかりの速さです。それでも保護者は「這えば

立て、立てば歩めの親心」をもつものです。とりわけ、学校社会の中で人より少しでも良い成績を出すことに意義を感じてきた人や、コンプレックスを感じてきた人、数値にこだわりのある人は、自分の子どもを他の子どもと比べたり、書物の中の子どもと比べたりして、常に平均曲線より上でなければならないと思いがちです。子どもの発達には順序やタイミングがあり、子どもによって伸びる時期が異なること、大人になったときに1、2歳の差が目立たなくなるように、発達が早い遅いに是非はないことをさりげなく伝えていきましょう。

　先日お会いした保護者は、まだ首が据わったばかりの赤ちゃんの首を支えずに、縦に抱っこしていました。しばらく雑談をしてラポール（安心できる関係性）を築いた後で、「こんなふうに首を支えてあげると安定しますよ」と声をかけたところ、「首を鍛えて強くしたいと思って支えなかった」というのです。

　そこで、「もう少ししっかりするまでお母さんの手の支えがあったほうが、赤ちゃんが楽じゃないかしら。頭には脳が入っていて体の中で一番重く、細い首には脳から神経がたくさん通っていて、負担がたくさんかかるとこのくらいの赤ちゃんには大変だと思うな。首は自然に据わるから、今はまだしっかり支えてあげましょうよ」と説明をして、首とお尻を支える形の安定した抱っこを伝えました。保護者は納得し、子どもと一緒ににこにこしながら帰りま

した。

　また、子どもを早くお座りさせよう、お座りのほうが視界が開けて子どもが楽しそうだからと、お座り用のクッションや椅子を使う保護者、早く歩かせようと歩行器を使う保護者もいます。それらが赤ちゃんの身体に負担をかけ成長を歪める可能性のある道具だということをご存知ないのでしょう。さまざまに便利さをうたう補助具、とりわけ新製品や流行のものについては、専門家として、赤ちゃんの身体への影響を十分に調べて、無理な使用をしないように注意を促すことが必要な場合もあるでしょう。

（6）子どもと一緒に過ごそうとしない保護者

　子育てに疲れてくると、子どもと一緒にいることが負担になります。また、子どもの環境が育ちを左右することに気づいていないと、どんな環境で育てても変わりないと思うようです。ずっと向き合っている必要はありませんが、子どもが何かサインを出したときにさっと応答できる位置にいることで、愛着関係が育つことに気がついてほしいですね。

　一方、子育ての大変さから、子どもが嫌いになっていることもあるかもしれません。子育てや生活の負担がどのように保護者にかかっているか確認して、まずはねぎらい、負担を減らす工夫を一緒に考えましょう。子どもと向き合える状態にしなければ、「いつも一緒にいるように」というプレッシャーを与えても効果はありません。

保育者の知りたい保護者支援　107

また、家の中では子どもといつも一緒だから、外では少しでも離れていたいと、休むことを希望する保護者もいると思います。他に大人がいて目が届くようであれば、事務所のソファなどでしばらく休んでもらってもいいですね。中には、保護者が寝転がることのできる場所を作っている保育所もあります。

支援センターでは、保護者だけでおしゃべりしているグループができて、グループで利用するケースもあります。他の利用者の居心地が悪くなっていないか確認して、度が過ぎることがあれば、一人ひとりに声かけをして、配慮していただくようにしましょう。

（7）コミュニケーションの時間がとれない保護者

朝、自分の支度と家族の世話でてんてこ舞いの中、時間ぎりぎりに保育所に駆け込む保護者がいます。子どもがぐずったら、もう仕事に間に合わないかもしれません。忘れ物をしたら一大事です。そんな保護者にこそ、しっかり「おはようございます」と声をかけ、子どもの健康状態を確認して、「お子さんをお預かりします」とバトンタッチして仕事モードへの切り替えをサポートしましょう。

共働きかシングルペアレントかを問わず、保育所に子どもを預けているということは、いつも時間がないということを意味しています。その中で、どれだけ子どもに時間をかけてもらえるか、優先順位を上げてもらえるかは、保育所とコミュニケーションをとることにどれだけ意義を

感じるかにかかっています。

　コミュニケーションの時間がとれない原因は、次のようなことが考えられます。

☐ 過労やうつ状態など、保護者にまったく余裕がない
☐ 保育所と連絡をとることのメリットを感じていない
☐ 保育者との関係性が悪く、かかわりたくないと思っている
☐ 子どもの発達が不安で、何か悪いことを言われるのではないかと恐れている

　それぞれの場合について、理由と対策を考えてみましょう。

過労やうつ状態など、保護者にまったく余裕がない

　子育てができなくなる危険レベルですね。「何もしなくていい短い時間」を提供しましょう。迎えに来たときに、静かで野の花でも飾ってある「おつかれさま」コーナーを用意して(廊下の隅にカーテンをかけて衝立てを置くだけでもいいです)、温かい飲み物と小さなクッキーでホッとする時間を提供できるといいですね。

　話ができるようならば、数分間だけ聞きましょう(長くなる場合は、カウンセリングなど話を聞いてくれる専門機関につないだほうがいいかもしれません)。話を聞くときに、アドバイスをするのではなく、聞くことに徹してください。スタッフと問題を共有して、一人で抱え込まないようにします。その上で、次にできることを考えます。5分経ったら「〇〇ちゃんのお迎えをお願いし

保育者の知りたい保護者支援　109

ます」と声をかけましょう。

保育所と連絡をとることのメリットを感じていない

どうしてそうなってしまったのでしょうか。その親子に役立つ情報や聞くと嬉しくなるようなエピソードを伝えることから始めましょう。時にはデメリットをしっかり伝えることも必要かもしれません。

保育者との関係性が悪く、かかわりたくないと思っている

保育者側の対応の工夫が必要です。保育者が折り合いをつけることを覚えることが第一です。気が合わない保護者であっても、同じ保育所で子育てをする仲間として、子どもを一緒に育てる同志として、自分から声をかけてください。どうしても難しい場合は、同僚と役割分担して手伝ってもらいましょう。

子どもの発達が不安で、何か悪いことを言われるのではないかと恐れている

「何か心配なことでもありますか」と声をかけて、不安を共有しましょう。事実に基づくものであるかどうか確認して、対応が必要な場合は、専門機関につなぎましょう。一人で思い込んでいるようならば、適切な情報を伝えましょう。

（8）直接会って話ができない保護者

長時間保育のときは、特に入所時に念入りに面接をして、連絡のとりやすい方法を確認しておきましょう。それでも保護者の勤務状況は変化するので、なかなか連絡がとれないかもしれません。保育者の勤務時間

とうまく合わないこともあるかもしれませんね。伝えたいことはどのようなことでしょうか。日頃から連絡帳で信頼関係を作っておいて、どうしても直接伝えなくてはならないときに時間をとってもらうよう、丁寧に説明するしかないかもしれません。また、SNSならつながることができる人も少なくないと思いますので、無料通話など、柔軟な連絡方法を提案していきましょう。

　送り迎えが本人であれば、数分の時間をとっていただけるように、玄関に小ぶりのソファを置くなど環境を整え、話をしている間、子どもは他の保育者にみてもらうなど、保育所内の連携や工夫が必要ですね。何事も一人で対応せず、保育所全体で対応を検討できる仕組みができていますか。

（9）持ち物や提出物を持ってこない保護者

　どうして必要か、ないとどういうことが起こるのかを、相手が納得するように伝えていますか。お金がなくて用意ができないようであれば、保育所で貸し出すなどの工夫が必要かもしれません。整理整頓できないなど、知的・生活習慣上の問題があるときには、ソーシャルワーク的なかかわりが必要になるかもしれません。用紙をなくすことが頻回にあるようならば、送り迎えの時にペンとボードを用意して、その場で書いてもらうといいかもしれません。提出期限内に持ってきたときには、当たり前という対応ではなく、しっかりと評価して返しましょう。

保育者の知りたい保護者支援　111

保護者として育っていない人は、保育者が育てなければならない場合もあるでしょう。甘やかすのではなく、例外であることをそれとなく伝えつつ、ゆっくりと育てることが負担にはなりますが、近道ということもあるのです。子育てと同じですね。

（10）登所やお迎えが遅い保護者

　まず、保育時間が守れない理由を確認しましょう。勤務先の問題なのか、保護者が子育てを楽しめず、迎えに来るのが憂うつなのか、時間にルーズなのか……理由によって対応を変える必要があります。

　勤務先の問題であれば、勤務条件を確認して、勤務態勢を変えることで対応できないか、一緒に検討してみましょう。変えることができなくても、一緒に検討する機会をもつことで、保育所の事情も理解してもらい、お互いに相手を理解し、思いやれるようになるかもしれません。

　また、保護者が迎えに来る気にならない、子どもがかわいく思えない状況だとしたら、日常の子育てそのものの問題なので、子育ての相談にのる必要があるかもしれません。

　時間にルーズな場合は、どうしたら時間が守れるのか一緒に考える機会をもちましょう。帰宅間際の勤務状況を確認し、10分早めに到着するように実際の交通時間を一緒に計算したり、交通機関の乗車時間を1本早めるようにお願いするなど、具体的な方策を提案しましょう。

　お迎えに遅れた場合に超過料金が発生する保育所であれば、あまり遅

れることはないのかもしれません。ですから間に合った日は、カレンダーに印をつけて励ますなどしないと、保護者はがんばれないかもしれません。今の保護者はそのくらい疲れているかもしれないのです。

（11）話が伝わらない保護者

どんな話を伝えたいと思っているのでしょうか。個人的に伝えたいこと、保護者会などで伝えたいことの2つに分けて考えてみましょう。
□まず、個人的に伝える話であれば、あまりいい話ではなさそうですね。依頼や小言でしょうか。話が伝わらないときは、相手が聞きたくない内容がほとんどだと思います。関係性ができていれば、その関係性の上に乗って軽いノリで伝えることもできます。しかしそうではないときは、こちらも気が重いですね。そんなときほど工夫が必要になります。
□ タイミング

保護者がとても疲れていたり何かに悩んでいるとき、他のことに気をとられているとき、忙しそうなときよりは、少し余裕がありそうなときに話しかけるのが効果的です。電話と同じく「今、3分だけお時間いただけますか？」と聞いてから話し始めれば、相手も聞こうという姿勢になるでしょう。でも、もしかしたら「時間ありません！」と言われてしまうかもしれません。それにショックを受けないように、心づもりをしてから声かけしましょう。そして、もし忙しそうにしていたら、「〇〇についてお話したいので、お時間があるときに声をかけていただけますか」と

聞くか、あるいは「いつ頃であればお話できそうですか？」と予約をとりましょう。そのときは、自分のスケジュール帳に書き込んで見せたり、相手のスケジュール帳に書き留めてもらうと効果的です。

　また、伝えたいことはまとまっていますか。保護者に一番伝えたいこと、二番目に伝えたいことなど、一度まとめて書いてみましょう。企業などで働いている保護者の中には、きちんとした話し方を好む人もいるでしょう。

　逆に、話の整理をつけるのがうまくない人もいるでしょう。何をしてほしいのか、何をしてほしくないのか、何が課題なのかなど、聞きたくないと思っている保護者にも「わかりやすく伝える工夫をすること」「そのための準備をすること」が大切です。

（12）連絡帳で何度も同じ質問をする保護者

　どうして何回も同じ質問をすると思いますか。知的な遅れがあるのか、忘れてしまうのか、こだわりが強いのか……。いずれにしても、同じ回答をしても、再び同じ質問が繰り返されるかもしれません。

　単に忘れているようであれば「何月何日のところに以前書きましたからもう一度読んでみてくださいね」とやさしく指摘して、その場所に付箋を貼って返してもいいかもしれません。

　でも、もう少しこだわっている感じがあるなら、どうして気になるのか、直接じっくりと聞いてみましょう。「とても気になることですね」と、

その気持ちに寄り添いながら、保護者が納得できるまで話をしてみましょう。もしかしたら、保育者が「正解」と思っていることが腑に落ちないのかもしれません。なかなかわかってもらえないと思っているかもしれませんね。その可能性も踏まえて、丁寧に話し合いましょう。

（13）自分の話ばかりしたがる保護者

　保護者自身が人に頼りたい状況なのでしょう。他に友人や仲間がいなかったり、家族とのコミュニケーションがうまくいかないと、話を聞いてくれる人を頼って話をするものです。子どものことよりも、まず自分のことが大変なのですね。

　保育者が話を聞ける状況であればいいのですが、保育中に長い話を聞くわけにもいかない場合は、「何時から次の仕事があるので、それまでは大丈夫ですよ」と最初に時間を区切って、その時間になったら本当に次の仕事に移るということを何回か繰り返して理解を得ます。

　できれば、保護者同士で話し合える関係性を作るように働きかけてみましょう。同じような話題が共有できる人を見つけてつなぐのです。人に頼ることができる人は、きっと次に話す相手を見つけることができるはずです。それを超えるほどの困難な状況を抱えている場合は、カウンセリングを勧めることを選択肢に入れましょう。

保育者の知りたい保護者支援　115

（14）子どもの体調が悪くても迎えに来ない保護者

　お迎えを渋る保護者に対して、愛情不足だと怒りたくなることがあるかもしれません。怒る前に一呼吸してくださいね。仕事をしていると、保育所から突然電話がかかってきても対応のしようがない、気持ちが切り換えられないことがあります。まず、困ってしまう保護者の気持ちに寄り添えるでしょうか。寄り添えないとしたら、なぜでしょうか。自分の気持ちも見つめてみましょう。

　子どもの具合の悪いときにはお預かりできないことは、入所時にきちんと説明してあるはずです。子どもは、具合の悪いときほど保護者にそばにいてもらいたいものです。自分が子どもだった頃を思い出してもらうように話し、保育所としての責任上かつ規程上、子どもを預かれないことをわかってもらいましょう。勤務先にも事前に伝えておくように言って、対応を決めておいてもらいましょう。万一のときに帰宅までどのくらいかかるかなど、保護者とともに入所の面談時のシミュレーションをして、いざというときには思い出してもらいましょう。勤務条件が保障されていなかったら、その勤務先は法律に反しているかもしれません。保護者を守れるように、しっかりと法律なども学んでおきましょう。

　その上で、地域に病児を安心して預けられるシステムや人を探しておきましょう。病児保育事業や専門のベビーシッター業者などが活用できるかどうか調べ、評判もしっかり聞いておいて、日頃から保護者に情報提供しておきましょう。

（15）子どものしつけは保育所でするものと思っている保護者

　どうして保護者は子どもをきちんとしつけないのでしょうか。確かに面倒である、疲れているなどの事情もあるでしょうが、実際は、保護者もどうしていいのかわからない、知らない場合が多いのです。でもきっと「できません」とは言わないでしょう。

　現代は、スマホ育児、コンビニエントな道具で赤ちゃんを育てる時代です。食べ物も温水も電気もあるのが当たり前で、困窮して無理やり我慢させなければならないという場面は少なくなっています。一方で、子どもたちは常に不自然な刺激にさらされてイライラしています。しつけようにも、そもそも一対一の愛着関係さえできていない親子もいるように見受けられます。そのような中で、家庭でしつけをするのは難しくなっています。

　そこで、保護者には具体的にどのようなことをしてほしいのか、そのためにどのようにすればいいのかを伝えましょう。高山静子『ひだまり通信』(チャイルド本社)はそんな時に使える情報がたくさん出ている書籍です。参考にしてみましょう。

　ここで改めて、しつけについて少し考えてみましょう。

　子どもは、信頼する大人や年上の子どもが従っている社会の行動規範に従うものです。無理やりしつけをするというよりも、保護者や保育者が、子どもから見てそういう行動がとれるようになりたいと憧れるモデルになれるといいですね。そういう意味では、子どもが多くいて真似で

きるモデルがたくさんいる保育所は、しつけを身につけるためには家庭
よりも適した場所です。

　しかし、家庭と保育所でルールが異なると、子どもはどちらに従って
いいかわからなくなってしまいます。そのため保育所のルールと保護者
のルールを確認して、できるだけ同じルールにすることが子どもの混乱
を防ぐことを伝えましょう。家庭と保育所のルールが違うままならば、
そのことを子どもに理解できるように説明して、使い分けが必要である
ことを伝える必要があります。もちろん、保護者にも理解していただか
なくてはなりません。

（16）子どもと目を合わさない保護者

　保護者の中には人と目を合わすことが苦手な人がいるもしれません。
そういう人は対人不安を感じている場合もありますが、それ以前に、人
と目を合わせることを幼い頃からあまりしてこなかったのではないかと
思われる人もいます。そういう方をじっと見つめるのはさらに不安を高
めてしまうかもしれませんので、少し柔らかく笑顔を向ける感じで接す
るようにして、目を合わせても安心な関係を少しずつ作っていきましょ
う。

　ただ、心配なのは子どもと目を合わさない保護者です。保護者が子ど
もと目を合わさなければ、子どもは、保護者の愛情を感じ取ったり、人
の目を見て相手の気持ちを受け止めることを覚えたりする機会を失うこ

とになります。子どもをにっこりと笑顔で見つめて、優しい声で滑舌を
はっきりとさせて歌うように語りかけることの大切さを折に触れて伝え
るようにしましょう。

　いつもスマートフォンやテレビを見ていたり見せていたり、家事や仕
事に忙しくて子どもと向き合う余裕がなかったり、絵本を読むときも文
字ばかり追っていたりする方は要注意です。いろいろな工夫をして保護
者に目を合わせることの大切さを伝えても、どうしても視線を合わせら
れない保護者であったら、保育者はその子どもが徐々に他者と目を合わ
せられるように育てる役割を担う必要がありますね。「にらめっこしま
しょうあっぷっぷ」や「ちょちちょちあわわ、かいぐりかいぐりとっとの
目」などの遊びを通して、人の目を見たり、相手の気持ちを推し測ったり
する練習をするのも大切なことです。

　繰り返しになりますが、子どもは保護者の影響だけを受けて育つので
はなく、他の大人からも学びながら育ちます。温かい保育を受けて育っ
た子どもは、家庭に課題があっても保護者に問題があっても、その後健
やかに育っていくことができるのです。そういう保育をして子どもを育
てていくこともまた、知られざる子育て支援といえるでしょう。

（17）子どもといつも一緒で離れない保護者

　地域子育て支援において、専業主婦で子どもと離れることができない
保護者が気になることがあるかもしれません。他の人と話をせず、子ど

もにずっとくっついて片時も目を離さないような場合は、子育て不安が強すぎて子どもから目が離せないのかもしれませんし、他の人と話すことが難しいのを隠そうとしているのかもしれません。子どもが保護者の不安を感じ取って離れないという場合もあります。他の人があまりいないときを見計らって、そばに行って声をかけて、安心な場でゆっくり子どもと距離を取っていく手助けをしましょう。

あるいは、赤ちゃんを抱っこしたまますっと下に降ろさないというような場合もあるかもしれません。このような保護者が最近増えてきています。赤ちゃんを降ろすと泣いてしまうからと降ろせないでいるのかもしれませんし、赤ちゃんは少しでも長く抱っこしていたほうがいいと思い込んでいるのかもしれません。眠った赤ちゃんを静かに降ろす方法を教えたり、赤ちゃんの発達のためには自由に床でごろごろする時間も大切であることを伝えたりして、だんだんと重くなる赤ちゃんが保護者の身体の負担にならないように、赤ちゃんが解放感を味わうことができるようにサポートしていきましょう。

（18）子どもにことばをかけない保護者

子どもの言語能力はかかわった大人の言語能力によるという研究結果があります。日々聞いている単語や文法、話し方がそのまま子どものことばや内言（頭の中で考えるときのことば）になるのですから、思考力、ひいては学力にも影響します。動画を見せておくだけではことばの獲得は進ま

ず、信頼する人の生の語りかけが子どもの言語能力、思考能力を発達さ
せます。保護者はそういうことを知らないかもしれませんので、きちん
と伝えることが必要ですね。

　小さい赤ちゃんに何を語りかけていいかわからないという保護者もい
ますから、見えているものを口にして一緒に楽しむことや、自分の気持
ちや赤ちゃんの気持ちをことばにしてみることを伝え、まずはやって見
せましょう。同じことばを何度でも繰り返し聞くことでことばを覚えて
いくこと、だから同じ歌を歌うことや同じ絵本を読むことに意味がある
ということも伝えていきましょう。

　また、いろいろなことを赤ちゃんより先回りしてしまうと、赤ちゃん
がことばを発する必要性がなくなってしまいます。おもちゃや物があり
すぎると、欲しいという気持ちがなくなり、コミュニケーションの必要
性がなくなってしまう場合もあります。また、やってほしいことがある
ときや不満があるときに、泣くのではなくことばで伝えることを覚える
ように、赤ちゃんが泣いているときに訴えていることを「○○してほし
いのね」とことばにして返すことの必要性も伝えましょう。

　さらに高度な保育になりますが、あえてそこにいる人たちの間でコ
ミュニケーションが生じるような場作りをすることの大切さもモデルと
してさりげなく見せられるといいですね。

保育者の知りたい保護者支援　　121

（19）外国語を母語とする保護者

　外国にルーツをもち、日本で生活する人が増えています。中には、日本語が覚束ない人もいるでしょう。簡単な会話帳などを用意したり、ウェブ翻訳を活用しながら、ジェスチャーを交えて積極的に声をかけましょう。

　ことばが使えない分、お迎えのときには必ず目を見てにっこりとあいさつをします。また、ことばは繰り返すことで身につくので、基本的な日常用語については、意識して明瞭な発音でしっかり声かけし、少しずつ覚えてもらいましょう。生活日数が増えるにつれ、日本語ができるようになると思いますので、小さな会話をお互いに楽しめるように工夫します。

　また、地域に通訳サービスや翻訳サービス、外国人支援をしている機関やコミュニティがあれば、確認してリストを作成し、実際に問い合わせてみましょう。

子どもは、比較的早くことばを習得するものです。絵本などは単語数が少ないので、その国のことばを調べて書き込み、子どものための絵本を作ることができるといいですね。そういったことは、地域のボランティアにお願いできればいいですね。地域に専門学校や大学があれば、学生に手伝ってもらうのも方策です。お国自慢の料理教室を企画して、保護者や地域の方を集めるなど、地域の他の人々とつながるきっかけが作れるのは、地域につながりのある保育者ならではの力量です。

（20）精神的な病をもつ保護者

　今の日本には、うつ病を始めとした精神の病をもつ保護者も少なくないでしょう。さまざまな手段で病気とその対応に関する情報が得られる時代ですから、まずその病気がどのようなものであるか把握して、対応方法についても保育所で話し合い、保護者と協力して子育てするつもりで、子どもの発達へのマイナスの影響を防ぎましょう。

　子どもは、保育所に来ている間はさまざまな大人に接することができ、多様な大人をモデルにすることができます。保育所内の人間関係が良ければ、家庭内に何か問題があったとしても健康に育つことができます。

　保護者に対しては、医療機関や福祉機関など専門機関、専門職との連携の中で対応することになります。得られた情報はプライバシーを守りつつ、必要な範囲でしっかりと情報共有、引き継ぎ、合理的配慮をして、個人で抱え込むことなく、誰もが矛盾しない対応をできるようにカン

ファレンスをもちましょう。特定の保育者が、保護者の問題を抱え込んで感情労働に疲弊するようになったら本末転倒ですから、誠実でやさしく、相手の感情に同調しやすい保育者は特に気をつけてください。　E

② クレームへの対応

（1）クレーム対応の基本

　クレームは、いろいろなときに出てきます。クレームイコールモンスターペアレンツと決めつける前に、なぜそのようなクレームが出てきたのか考えて対応するようにしましょう。保護者は対立関係にある存在ではなく、子どもを一緒に育てる仲間です。

　クレームには複数で対応するのが原則です。そのチームには、管理職にも入ってもらいましょう。責任を一人で負うことは大変です。皆でチームワークを組んで担当者を支え、保護者を受け止めましょう。仮に一人で対応したときは、事後報告になっても、自分に非があるときでも、きちんと管理職に報告します。

　クレームをつけてきた保護者をよく知っていて信頼関係ができていれば、落ち着いて話し合うことで理解し合えることが多いでしょう。普段から保護者との関係性をしっかり作っておくことの大切さは、何か起こったときにこそはっきりしますね。

　問題は、あまりコミュニケーションがうまくとれていなかった保護者からのクレームです。

　「これはクレームだな」と思ったら、まずはひと呼吸置きましょう。そして「落ち着いて最後まで聞くに勝る解決策はなし」とつぶやいてみましょう。

保育者の知りたい保護者支援　　125

保護者が何に対してクレームをつけているのか、しっかりと把握します。クレームの背景には、保護者のいろいろな思いが潜んでいます。その思いを聴き取りましょう。できる限り途中で言葉をはさまずに、もし言葉をはさむとしたら、保護者の言葉を繰り返す (おうむ返し) 確認程度にして、相手の言いたいことを「言い終わるまで」じっくり聞きます。「話をしっかり聞いて対応したい」と、了解を得てメモを取らせてもらってもいいかもしれません。

　話はできる限りその場で早くうかがうことが原則ですが、長引いて勤務時間外の対応になるなど、時間があまりとれない場合は、話の最初に「何分間だけ」と時間を伝えて、改めて時間をしっかりととってうかがいましょう。家庭訪問するくらいの気持ちで、最初に丁寧に対応することが長引かせないコツです。

　電話によるクレームの場合は、録音機能を使って録音することが必要かもしれません。外部に公表するのはよほどの状況ですが、何を訴えているかを理解するために活用することはできます。

（2）実際に問題がある場合

　相手のクレームが適切な場合は、真摯に受け止めて丁寧に対応するとともに、保育所として、あるいは保育者として非のある部分を認めて、誠実に謝罪しましょう。ここでこじれても仕方ありません。本当に申し訳ないという場合は、手土産が必要になるかもしれません。その際、同

時に今後の対応策を考えて提示することが大切です。

　しかし、非のない部分に関してまで謝罪する必要はありません。流れで不必要に謝ってしまうと、余計な責任を負うことになりかねません。

（3）保育への誤解、理解不足がある場合

　人が怒るときは、何らかの対応方法がわからなくて困っているときが多いものです。何かにびっくりしていたり、わからないことが起きて腹を立てているのかもしれません。クレームの多くは感情が高ぶっている状態でもたらされます。負けまいと、乱暴かつ攻撃的に迫ってくるかもしれませんが、多くの場合、最初のうちだけです。保護者にひと呼吸置いてもらうように、まずはこちらが「大変」とあせったり、対決姿勢を見せたりせず、「話をうかがわせてください」という態度をとりましょう。

　そして、相手の伝えたいことをうかがい、こちらの判断を丁寧に説明しましょう。「こういう点が問題であると考えているのですね」と確認しながら、誤解を解いたり、保育方針の説明をしたり、子どもの発達について理解を深めてもらいましょう。できれば、そういうことが起こらないように、入所時の説明や園だよりなどを用いて、普段から保育所の保育方針をしっかりと理解してもらう努力をしましょう。

保育者の知りたい保護者支援　127

（４）保育や子育てへの不安

　自分の大切な子どもをどこかに預けるのは不安がつきものです。銀行にお金を預けていてお金がなくなったり減ったりしたらと考え始めたら、心配は限りなく広がっていきます。何かが起きてしまったら、取り返しがつきません。

　もしかしたら、自分の子どもがぞんざいに扱われているかもしれない、寂しがっているかもしれない、後回しにされているかもしれない、いじめられているかもしれないなど、心配になり始めると、保護者の不安は尽きません。「そうかもしれない」疑惑が心の中に広がっているので、まずはその疑惑を安心につなげることから始める必要がありそうです。また、自分の子育てがうまくいっていないと、非難されそうだと防衛している場合もあるでしょう。

　そのような不安がクレームにつながっているのならば、まずはその不安の原因を知ることが必要です。誰かに自分の子育てについて話を聴いてもらいたいだけかもしれません。このような不安は、今どきの保護者の多くがもっているものです。子育てへのクレームかと思ったら、自分の子育てがうまくいかなくて悩んでいるだけということもあります。

　この場合、子どもの楽しそうな様子、すてきなエピソードを伝えて、保育場面でどのような配慮をしているのかを徐々に伝えていきましょう。ともに子育てをする仲間であることを伝え、子どもの育ちを確認し、一緒にできることを考えていきましょう。

（5）保育への不信感

　保護者は、保育に関するうわさ話をどこかから聞きつけてくることがあります。また、子どものことばを鵜呑みにすることもあります。保育者と保護者の立場の違いで、お互いにわかり合えていないところがあるかもしれません。それが積もり積もると、保育そのものへの不信感が募ります。

　お互いのコミュニケーションをしっかりとることが大切ですが、そのような不信感からクレームがきたようだとしたら、何に対して不信感をもっているかをじっくりと聴くことから始めましょう。どうしてほしいかという要求は、最初は「担任を変えてください」など、こちらが驚く理不尽なものかもしれませんが、その背景にはさまざまな思いがあるのです。保護者のことばを鵜呑みにする前に、その思いを聴き取るところから始め、そのとおりにするのではなく、一体どういう状態になればいいと思っているのか聴いていきましょう。聴くに勝る解決法はありません。

　保育所の場合、働く保護者が時間のない中でクレームを伝えることが多いので、じっくりと時間をとって話をすることは難しいかもしれません。仮に時間をとって話せるとしたら、別室に通して、お茶とお菓子を出して一息ついてもらいましょう。子育てでお茶を飲む時間もない生活をしている保護者もたくさんいます。

　そしてまずは、大変な子育てをねぎらいましょう。たとえクレームで

あっても、こちらに「じっくりお話をうかがいます」「子どものために保育所にかかわってくださるのですね」と、気持ちに余裕をもつことが大切です。

第5章

自分を高めよう 研修と研究

最近は、さまざまな子育て支援・保護者支援の研修が開催されています。
そうした研修への参加を有意義なものにするため、本章では研修方法について考えます。

① 外部研修の受け方

　皆さんはこれまで、どれだけ多くの研修を受けてきましたか。いつも面白い話をしてくれる講師の話も感動してしまう話も、聞いておしまいにしていませんか。それでは研修の意味も感動した意味もありません。

　これまでの研修で学んだことを、自分が日頃の保育にどのように活かしてきたか確認するために、振り返りをしてみましょう。

　1．それは誰によるどんな研修でしたか

　2．いつでしたか

　3．学んだことはどんなことですか

　4．どこかに記録は残っていますか？　それを読み返したことはありますか？

　5．研修を受講する前と後で、自分の何が変わりましたか

　振り返りを元に、これからどんなふうに研修を受けるといいか、どんな研修がいいか、学んだことを保育所で共有するにはどうしたらいいか、実践していくにはどうしたらいいか。研修係を中心に、皆で話し合ってみましょう。　E

② 園内研修の企画

（1）園内研修の計画

今、自分の勤めている保育所の課題は何でしょうか。

- ・
- ・
- ・
- ・
- ・

では、年間の研修はどのように決められているでしょうか。課題と研修は対応していますか。研修と言えば、講師を呼ぶものと決めているかもしれませんが、課題に関連する書籍を読む読書会やワークも工夫次第でよい研修になります。

（2）読書会の進め方

保育に関する本を読みたいと思っても、自分一人で読むのは大変ですね。そこで保育所の同僚や研修会の仲間に声をかけ、読書会を企画して、一緒に読んでみてはどうでしょうか。

自分を高めよう　研修と研究　133

同じ本の内容や考え方を共有していると、保育が進めやすくなるでしょう。場合によっては、保護者の皆さんと同じ本を共有してもいいですね。

　例えば、子育て支援に役立つものには次のような本があります。

・子育て支援者コンピテンシー研究会編「育つ・つながる　子育て支援」チャイルド本社、2009年
・高山静子「子育て支援　ひだまり通信」チャイルド本社、2010年
・山野則子・武田信子編「子ども家庭福祉の世界」有斐閣アルマ、2015年
・プレイワーク研究会編「子どもの放課後にかかわる人のQ&A50」学文社、2017年
・多賀一郎「大学では教えてくれない信頼される保護者対応」明治図書出版、2017年
・赤ちゃんの生活に即した子育ての基本の基がたくさんの写真でわかりやすく示された『AKAGO』シリーズ、子育ての文化研究所

　そして、もちろん本書！です。本書を読んだあなたが読書会を提案しましょう。

読書法

　さてここで、会議ファシリテーターの青木将幸氏による8分間読書法をご紹介しましょう。

【事前にやること】

①皆で読みたい本を1冊定める

②集めたいメンバーに声をかけて、読書会の日時、場所を決め、その本を全員が持ち寄る。

【当日やること】＜簡易バージョン＞

①読む8分…当日、皆が集まったら、簡単に8分間読書法のやり方を説明し、その本を8分間読む。8分間しかないので、当然、全部は読めない。「はじめに」から読んでもいいし、後のほうから読んでもいいし、ぱらぱらとめくってもいい。カバーをはずして、装丁を味わってもいいし、奥付で何刷目かを確認してもいい。それぞれが、読みたいように読む。8分間はキッチンタイマーなど、音が鳴るもので計っておくとよい。

②語る8分…8分たったら、本を読むのをやめて、近くに座っている人で三人組をつくって、8分間感想を語り合う。

③全体討議…その後、どんな感想が出たかを、各三人組から話してもらい、いろんな感想を聴き合ったり、全体で話し合ったりする。

　この方法であれば、読書会が30分で済みます。これだけで終了してもOKですし、もう少し丁寧に読みたいときは、『「8分読書会」の進め方』(http://www.aokiworks.net/diary131120.html) に詳しく出ていますので、参考にしてください。

3 研究の方法

（1）研究の意義

　保護者に対して的確な支援を行うためには、ことばで説明できることが必要です。保育者は、日々の保育で積み上げた経験から、自分たちに役立つ、自分たちなりの、独りよがりではない理論を作り上げていくことができます。

　すでに保育の経験が豊富にある中堅以上の保育者は、自分のこれまでの体験を「何となく」「感覚」「勘」ではなく、「ことば」にして、後輩や他の同僚に伝えたり、保護者に解説したりする力をつけていきたいものです。伝えるためのことば、語彙（単語）、語句をもつこと、論理的に説明するためのトレーニングを行い、力をつけていきましょう。自分たちの保育について、自分たちで考え、作り上げていくのです。

　保育について一番よく知っているのは保育者です。しかし、多くの研修は保育者ではなく、大学等の教員が担当しています。理論的なことや新しい視点の提示、事例検討など、きちんとまとめられた研修を受けると、感激してなんだかわかったような気になって帰りますが、翌日から実際の保育を変えることはなかなか難しいでしょう。

　ですから、可能であれば、外部の講師を毎回呼ぶよりも、自分たちで考えて作り上げていく研修ができるといいでしょう。そのために、自分たちがやっていることをわかりやすくまとめる、すなわち、研究する方

法を知りましょう。

　研究は次のように進められます。
①研究したいテーマや問題（リサーチクエスチョン）を定める
②テーマに関するローデータ（生の体験の記述）を集める
③集まった記述について、比較や分類、要約をする
④まとめられた結果を見て、何がいえるか分析し、解釈する
⑤いろいろと考えたこと、自分の見方やこれからの提案等をまとめて
　「考察」とする
　では、みんなで一緒にグループワークの形で「研究」してみましょう。

（２）グループワークによる「研究」

時間：１時間半から２時間程度
進め方：
①少人数（5〜6人）のグループで、テーブルを囲みます。お互いに知り合いでない場合は、最初に１分間程度の自己紹介をしましょう。トーキングテーマが書かれたカードを使うと、楽しく簡単に自己紹介できるでしょう。一人１本ずつ色の違う太いペンを持ちます。裏写りしない油性ペンがおすすめです。机

自分を高めよう　研修と研究　137

の上には、模造紙やカレンダーの裏紙など、大きな紙を1枚置きます。

②取り上げるテーマを、紙の上のほうか真ん中に大きめに書きます。

③テーマに関係する自分たちの体験を書き出します。1枚のふせん(7.5cm四方がいいですね)に一つ、体験に関するキーワードを書きます。いくつもの体験を書いたら(一人数個程度)、最後に全員のふせんを集めます。

④集めたふせんに書かれた体験の内容を見比べて、内容の関連性が近いものをまとめ、遠いものを離して、紙の上で分類します。

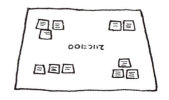

⑤分類したまとまりごとにタイトルをつけて、書き込みます。

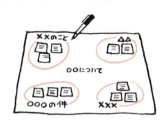

⑥全体を見渡して、それぞれのまとまり同士のつながりを考えて、ペンで線を引いたり、丸で囲んだりして、関連性がわかるように書き込んでいきます。出来上がった図をみんなでさらに解釈し、分析します。

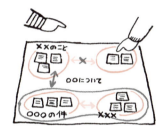

⑦テーマについていえることを、箇条書きにまとめてみます。実物の写真が入るといいですね。

テーマの例：
・子育てに必要なこと、不必要なこと、害になることを伝える工夫
・成長の見通しを伝える工夫
・保護者との連携・協力関係を形成するための、早期からのクラス運営の

工夫

・保育所での生活がそのまま家庭生活のモデルとなる工夫

　以前、ある園長研修でこのワークをやりました。実はその結果の一部
が、第4章にまとめられているのです。すでに読んでしまったと思いま
すが、繰り返して読んでみると、きっと頭に入っていないところがある
と思います。あらためて、同じようにやってみましょう。

　まず自分たちで（あるいは自分で）、自分たちの体験をふせんに書いてみま
す。たった数分間でいいのです。自分の頭を使って考えるのと、この本
を読み流すのとでは、本を読んだ後の効果が変わるでしょう。せっかく
ですから、自分で考えてみましょう。

　やってみましたか。では、自分の書いたものと第4章を照らし合わせ
て読んでみましょう。

　その際は、マーカーペンを用意しましょう。このアイデアは使えそう
だな、やろうと思っていたけれどまだやっていないなど、役に立ちそ
うな箇所に印をつけます。本に書き込みをするのは抵抗があるという人
は、小さくて透明で書き込みができるふせんを使うといいですね。自分
にはこんなアイデアがあるけれどここには書かれていないと思ったら、
付け加えておくと、後で誰かに伝えられます。読み返すときに、印がつ
いていたら、そこだけ読めばいいのでとても楽です。

④ ことばの力をつける方法

（1）ことばにすることの大切さ

　保護者や後輩、地域住民、行政など、保育を知らない人たちに保育内容や子どもの様子を説明するとき、きちんと自分のことばで説明できれば、保育を理解してもらえ、協力してもらえるようになるでしょう。予算を増やしてもらえるかもしれないし、手伝ってもらえるかもしれません。保育所のお便りにしても、書いた人の顔が浮かんだときに「すてきな文章を書く○○さん」と思ってもらえるといいですね。そのためにも、伝えたいことをきちんとことばにできることが必要です。

（2）ことばの力をつける方法

①多読する

　保育に関する書籍はもちろん、新聞や新書など、論理的な記述が求められる文章を多く読みましょう。最初はわかりやすい本でもいいですが、次第に骨のある文章を読むように心がけてください。時間はかかりますが、次第にことばの力が磨かれていきます。

　インターネットで「赤ちゃん」「子ども」「子育て」「発達」など自分が関心のあるキーワードを入れて、新書を中心に探してみましょう。

② 書いてみる

日誌や連絡帳は毎日書くものです。また、園だよりを書くこともありますね。できれば毎日、数百字の文章をわかりやすく書く習慣をつけましょう。

数百字というのは、A4判の紙で半分程度です。話すと90秒程度です。ブログでもいいでしょう。書くときには、意識的に丁寧に書いてみましょう。誰が読んでもわかりやすいように、文法に気をつけて書きます。書き終わったら、きちんと批評してくれる人（自分が安心して批評を聞くことのできる人を「クリティカル・フレンド」といいます）にきちんと読んでもらって、わかりにくいところを指摘してもらい、書き直しをします。「ライティング」（書き方）のテキストはたくさん出版されていますから、体験したことや説明したいことを少しずつでも書く練習をするといいでしょう。 E

COLUMN

子どもの発達の話

　人は生まれつき、遺伝で性格や学力が決まっているのでしょうか。あなたはどう思いますか?

・親からの遺伝の影響が強くて、生まれつきの性格や学力はなかなか変えられない。

・環境の影響が強くて、育て方次第でどうにでもなる。

　どちらで考えるかによって赤ちゃんへの接し方が変わるため、自分の考え方を確認しておくことは大切です。

　少し違う角度から考えてみましょう。例えば、皆さんが今日購入した洋服に、ひっかききずとしみがあったとします。返品したいけれど、事情で返品できません。あなたはこれから、その洋服を着て出かけなければなりません。どうしますか。

　きずをチェックして、そのきずが大きく広がらないようにしますよね。しみをチェックして、早いうちに丁寧にしみをとりますよね。

　小さく目立たないきずであれば、そのままにしておいても大丈夫かもしれません。しかし生地が引っ張られる箇所だと、きずが大きくなってしまうかもしれません。そういうときは、裏から補強をしたりかけはぎをして、そのきずが大きくならないように工夫することで、目立たないようにします。一方で、そのまま放置したら、きずが大きくなってしまうかもしれません。

　しみも最初のうちは目立たないからと放置するかもしれませんが、そ

自分を高めよう　研修と研究　143

のうち色がついて目立ってしまい、とれなくなってしまいます。湿気の多い部屋に置いたり暑い場所にしまいこんでいたら、カビが発生するかもしれません。早いうちに対処しておけば、新品のように全然気にならないかもしれないのに。

　赤ちゃんの脳のきずやしみも同じです。私たちは、生まれてきたときには脳にちょっとしたきずやしみがついているでしょう（私たちは誰でも多かれ少なかれ、いろいろな要素をもって生まれてくるものです。その中には、プラスの資質もマイナスの資質もあります。それが「その人らしさ」「味」「個性」となります）、それがどんなきずかしみかをちゃんと見つけて早いうちに対処すれば、目立たなくなったり問題がなくなったりします。時には、その子の個性として役立つこともあるのです。

　しかし、仮に条件の悪い環境で育てていたら、そのきずのマイナス面が目立ってきて、治そうにも治らなくなり、取り返しのつかないことになってしまいます。ですから、いろいろな問題を抱えていても、赤ちゃんが小さいうちに適切な対処をして、二次的な問題が起こらないようにすることが大切です。

　ところが、すべての保護者にそんなことができるとは限りませんし、赤ちゃんは本人に合った環境に生まれてくるわけでもありません。ですから、きちんと赤ちゃんのことがわかって対応してくれる人や、保護者に寄り添ってくれる人、アドバイスをしてくれる人が必要です。環境の影響を強く受ける赤ちゃんには、家庭や地域、保育所など、24時間を過ごす場所それぞれでどんなふうに育てられるかがとても大切です。

120頁にも書いたように、大人の適切なことばかけが多い場所で育った子どもは、言語能力が高くなります。ことばかけが乱暴かどうか、やさしいか論理的であるかによって、獲得する言語能力や性格が変わるのです。そうであれば、保護者や保育者、地域の人たちのことばかけが、子どもの能力や性格に関係するということです。保護者がおとなしいタイプであっても、長い時間接している保育者がおしゃべりであれば、子どもはおしゃべりになるかもしれません。皆さんのことばかけが、近くにいる子どもの能力に影響を与えるのです。

身近な大人が論理的に話せば、赤ちゃんも赤ちゃんなりに筋道を立ててことばを使う力がつきます。論理的なことばが使えるようになることは、頭の中で論理的に思考することができることなので、賢く育ちます。感情的に激高して話せば、感情的に使うことばが身につき、情緒豊かな声かけをすれば、情操教育になります。ですから、日頃から豊かでポジティブなことばを増やすように心がけましょう。

あるいは、保育者のことばかけを聞いた保護者が、家で子どもに話しかけるように心がければ、子どもの言語環境は変わるかもしれません。それほど保育者という仕事は、意識の有無にかかわらず、子どもの一生に影響を与える仕事なのです。数多ある仕事の中でも特に責任が重大で、そしてやりがいのある仕事だといえるでしょう。

おわりに

　私は子どもの心の専門家です。人の発達が、身体も脳も心も、どれほど幼少期の環境に影響されるかを知っています。だから、働きながら一人で子育てをした私にとって、保育所はとても大切な場所でした。

　2人の子どもを、最初は区の保育ママさん。それから都内の公立保育所。そうして隣県の無認可保育所に転居までして預けました。カナダのトロントで研究生活を送った1年間は、共同保育から発生した保育所に預けたこともあります。子どもを預けて安心して働くためには、預けた先で子どもたちが幸せに生活していると言い切れることが私には必要でした。だから保育の質には高い関心がありました。

　私は、子育てにおいて、思春期や青年期よりも乳幼児期のほうが大切だと思っています。乳幼児期の1の投資が、将来7倍の成果を生むという調査結果を聞いたことがあるでしょうか。乳幼児期に身体も脳も心もその基礎ができるのです。乳幼児期に愛情のこもった適切なケアを受けることで、子どもは健やかに育っていきます。ケアを与える人は、その子どものことを一貫して大切に思ってくれ、子どもの発達を理解した上で育ててくれる人であれば、親でなくてもかまわないでしょう。

　保育所で育ててもらった2人の子どもは、もう二十代半ばです。多くの方に支えてもらえたおかげで順調に育ちました。私のように子どもについて専門的に勉強した上で自分の子どもをできる限りよい環境において育て、必要であれば転居までするというような保護者はめったにいません。当時、周囲の先生方からは猛母三遷と笑われましたが、自分自身がつらい環境で育った私は必死だったのです。子どもたちの今は、当時の保育に支えられていると思っています。

　さて、でも実際は、社会にはそういう保育を受けられない親子がたくさんいます。だから私は、どんなところに生まれたどんな子どもでも幸せに暮らす力

おわりに　　147

をつけられる保育が拡がることを願っています。この本は、今の日本の社会の中で、子育て環境をうまく用意できないごく普通の保護者たちに対して、保育者たちができることを増やして支えてほしいと思って書きました。すべての保育所で育つ子どもたちに幸せになってほしいし、すべての地域で育つ子どもたちを保育所が支えてほしいのです。この本を読んだ保育者たちに支えられて、親子が幸せになりますようにと願って書きました。

　一方、この本では、保育の環境や内容についてはほとんど触れていません。保育所保育指針の子育て支援の部分に限定して解説を書き、保育者の問いに答えた本だからです。そこで最後に一言だけ、保育環境、子育て環境について書いておきます。

　表紙をご覧ください。子どもが朝起きたら、頭の上で保育所の風景が展開しているという様子が描かれています。戸外で保護者と保育者は少し離れたところ（この表紙では雲の上）にいます。そうです、大人は子どもが発達できる環境と成長のきっかけを用意し、子どもの遊びを邪魔しないで、子どもたちが自分たちで遊びながら工夫して育っていくのを見守るのがよいのです。

　子どもは、0歳のときから五感のセンサーが育つ環境、つまり外気と土に触れ、風とお日さまの明るさと闇の暗さを感じ、木々の匂いに包まれ、水の流れる音と大人の歌うような優しい声を聞きながら育つとよいでしょう。人のぬくもりを感じ、不快な状態を訴えたとき、すみやかに快にしてくれる大人が呼べば聞こえるくらいの近さにいるといいでしょう。少し育ったときには、不快なことがあっても子ども同士でぶつかっても自分たちで解決していけるように見守る大人がいるといいでしょう。

　そうはわかっていても、子育て支援というと、親子が集まる広くはない部屋があり、時にそれはビルの一室だったりして、そこに親子と支援者が集まって座って何かしているというイメージがあるのではないでしょうか。私がカナダから帰国して子育てひろばを紹介したとき、そのひろばには広い外遊びの場がセットでついていたことも紹介したのですが、そこの部分はいつの間にか省略されて、あっという間に日本全国に屋内型の子育て支援の場が広がりました。十数年以上前のことです。

　そこで、ここでは少し頭を柔らかくして、外遊びのできる子育て支援の場を

思い浮かべてほしいのです。私がスーパーバイザーをしている東京都練馬区のNPO法人あそびっこネットワークでは、赤ちゃん親子が集まる広くはない室内ひろばの近くに広い都立公園があって、赤ちゃんたちは望めばそこで一日を過ごすことができます。最初、保護者はこわごわですが、次第に慣れていきます。赤ちゃんたちがご機嫌に育つからです。子どもたちが健やかに過ごす時間を保障すれば、それは子育て支援ですし、しっかり遊んでしっかり眠るリズムの作り方を伝えれば、それが子育て支援です。地域にそういう子育ての場のモデルがあれば、親子はそういう子育てを知るのです。

　保育所には豊かな自然のある園庭があるはずです。園庭を活用してほしいのです。赤ちゃんたちの身体や脳や心は、まず戸外のさまざまな刺激の中で働き始め、発達していくのです。その環境を保障してください。ちなみに、私が転居までして子どもたちを預けた保育所の敷地は広大でした。私の子育てを支援してくれたのはその環境であり、そこで自由に子どもたちを遊ばせてくれた保育者たちなのです。そういう環境があった上で、本書に記載されているようないろいろな配慮がなされれば本当に充実した子育て支援ができると思います。ぜひ考えてみてください。

　2016年の日本保育学会第69回大会で、広島大学大学院の清水寿代先生や七木田敦先生にお誘いいただき、自主シンポジウム「地域の場における子育て支援—対人援助者としての保育士に求められるもの—」の指定討論者として登壇しました。そのとき会場にいらしていた中央法規出版第1編集部の平林敦史さんから「保育士の保護者支援についての本を書いてほしい」という依頼を受け、この本の執筆が始まりました。当初は、保育士ではない私に一体何が書けるのだろうと思いました。保育の専門性はそんなに甘いものであると私は思っていません。それでも私のいろいろな分野にわたる子ども・子育て支援の経験と子どもに関係する学問分野の専門性から何かしら保育者たちに伝えられることはあるかもしれない、そう思って思い切って引き受けました。

　さて、そんなわけで本書の内容は、保育者が読むと少々新しい切り口になっていると思います。保育の外側のことが多くなっているでしょう。それに、一言で保育所と言っても全国にはさまざまな保育所がありますから、一般的な公立

の保育所をイメージして記述した内容が、皆様のところにはあてはまらないかもしれません。それを前提として、どうぞ自分のために、子どもたちのために、保護者たちのために役立つところを活用してください。

　最後になりましたが、本書の出版にあたってお世話になりました皆様に心より謝意を表します。

　NPO法人子育てを楽しむ会代表理事の迫きよみさんとは、雑誌『ひろば』（株式会社メイト）に2年にわたって「保育の計画：子育て支援」を連載しました。2014年からフェイスブックグループページの「だっことおんぶを語る会」も一緒に運営しています。そちらに赤ちゃんの発達と子育てに関するさまざまな観点を記述していますので、読者の皆様もぜひご参加ください。

　中央法規出版の編集者平林敦史さんには、本書執筆のご提案から出版まで根気よく私をリードしてくださったことに心から感謝しています。平林さんにはいつもプロの編集者の仕事を見せていただきました。本書は平林さんによって世に生まれました。

　挿絵を描いてくださった木下綾乃さんは、私の大好きなイラストレーターです。木下さんにこの本に合わせてイラストを描いていただけるなんて、私はなんて幸せ者でしょう。

　そしてこれまで私の研修を受けてくださった延べ一万人以上の保育者の皆様！　皆様からいただいたコメントやさまざまな智慧がこの本の骨格です。皆様からの問いに答えようと考えることで、文章を書き進めることができました。

　最後の最後に！　ここには書き切れない、さまざまな形で私をここまで支えてくださった皆様と子どものことを教えてくれた子どもたち、本当にありがとうございました。

◎**著者紹介**

武田信子（たけだ・のぶこ）

武蔵大学人文学部教授。東京大学大学院教育学研究科教育心理学専攻博士課程満期退学。臨床心理士。

専門は臨床心理学・教育心理学・教師教育学・コミュニティワークなどを通した子どもの養育環境の改善。本書に関連する著書に『子ども家庭福祉の世界』（共編、有斐閣アルマ）、『育つ・つながる子育て支援』（共著、チャイルド本社）、『社会で子どもをはぐくむ』（講演録、NPOブックスタート）、『子どもの放課後にかかわる人のQ&A50』（共編、学文社）などがある。

保育者のための子育て支援ガイドブック

専門性を活かした保護者へのサポート

2018年7月10日　初版発行

著　　　者	武田信子
発 行 者	荘村明彦
発 行 所	中央法規出版株式会社
	〒110-0016　東京都台東区台東3-29-1中央法規ビル
	営　　業　Tel03(3834)5817　Fax03(3837)8037
	書店窓口　Tel03(3834)5815　Fax03(3837)8035
	編　　集　Tel03(3834)5812　Fax03(3837)8032
	https://www.chuohoki.co.jp/
装　　　丁	Boogie Design
イ ラ ス ト	木下綾乃
印刷・製本	サンメッセ株式会社

定価はカバーに表示してあります。
ISBN 978-4-8058-5545-4

本書のコピー、スキャン、デジタル化等の無断複製は、著作権法上での例外を除き禁じられています。また、本書を代行業者等の第三者に依頼してコピー、スキャン、デジタル化することは、たとえ個人や家庭内での利用であっても著作権法違反です。
落丁本・乱丁本はお取替えいたします。